biblio Poésie collège

Dire l'amour, de l'Antiquité à nos jours

ANTHOLOGIE

Notes, questionnaires et dossier Bibliocollège
Frédérique LAMBERT,
agrégée de Lettres modernes,
professeur en collège

Sommaire

Écoutez et téléchargez gratuitement
sur notre site www.parascolaire.hachette-education.com
les 10 poèmes signalés ici par le logo ∩,
récités par le comédien Taric Mehani.

1 **Avant de lire l'anthologie**

Parcours thématiques 5
Retenir l'essentiel 8

2 *Dire l'amour, de l'Antiquité à nos jours*

La poésie lyrique antique 11
Sappho, « *Nous tenant par la main…* » 11
Le Cantique des cantiques 13
Catulle, « À Lesbie » 14
Tibulle, « Le Joug de l'amour *(Servitium amoris)* » 15
Ovide, « Déclaration » ∩ **PISTE 1** 17
Questionnaire : Une déclaration d'amour fabuleuse 19

La poésie lyrique médiévale 21
Bernard de Ventadour, « *Amour, qu'est-ce qu'il vous paraît* » 21

Achevé d'imprimer en Juillet 2021 en Espagne par Black Print - Dépôt légal : Août 2016 - Édition : 06 - 71/0
ISBN : 978-2-01-394970-5
Réalisation sonore : Studio Quali'Sons.
(P) Audiolib 2017.
© HACHETTE LIVRE, 2016, 58 rue Jean Bleuzen, CS 70007, 92178 Vanves Cedex.
www.hachette-education.com
Tous droits de traduction, de reproduction et d'adaptation réservés pour tous pays.

Marie de France, « Lai du chèvrefeuille » 24

Guillaume de Lorris, extrait du *Roman de la Rose* 25

Dante Alighieri, extrait de *La Vie nouvelle* 🎧 PISTE 2 27

Questionnaire : Un amour secret 29

Pétrarque, extrait des *Sonnets* 31

Charles d'Orléans, « *Ma seule amour, ma joie
et ma maîtresse* » 🎧 PISTE 3 32

Questionnaire : L'amour en exil 33

▌ La poésie lyrique à la Renaissance 35

Joachim Du Bellay, « *Ô beaux cheveux d'argent...* » 🎧 PISTE 4 ... 35

Questionnaire : Blasons et contre-blasons amoureux 37

Louise Labé, « *Je vis, je meurs ; je me brûle
et me noie* » 🎧 PISTE 5 39

Pierre de Ronsard, « *Quand vous serez bien vieille...* » 40

Étienne de La Boétie, « *Elle est malade, hélas !...* » 42

▌ La poésie lyrique classique aux XVIIe et XVIIIe siècles 43

Honoré d'Urfé, « Qu'il ne faut point aimer sans être aimé » ... 43

Théophile de Viau, « À Cloris » 45

Jean de La Fontaine, extrait des *Amours de Psyché
et de Cupidon* 🎧 PISTE 6 47

Questionnaire : Éloge de l'amour 48

Jean-Pierre Claris de Florian, « *Plaisir d'amour...* » 50

▌ La poésie lyrique au XIXe siècle 51

Marceline Desbordes-Valmore, « Le Serment » 51

Alphonse de Lamartine, « L'Isolement » 53

Victor Hugo, « À la belle impérieuse » 🎧 PISTE 7 56

Questionnaire : Sous l'emprise amoureuse 57

Gérard de Nerval, « El Desdichado » 59

Pétrus Borel, « Sur l'amour » 🎧 PISTE 8 61

Questionnaire : L'impossible science de l'amour 65

Alfred de Musset, « *Se voir le plus possible et s'aimer seulement* » ... 67

Théophile Gautier, « À deux beaux yeux » 68

Charles Baudelaire, « À une passante » 70

Paul Verlaine, « Mon rêve familier » 🎧 **PISTE 9** 71

Questionnaire : L'amour rêvé 72

Germain Nouveau, « Le Baiser » 74

Arthur Rimbaud, « Sensation » 76

La poésie lyrique au XXᵉ siècle 77

Anna de Noailles, « *Aimer, c'est de ne mentir plus* » 77

Guillaume Apollinaire, « Le Pont Mirabeau » 🎧 **PISTE 10** 79

Questionnaire : La fuite du temps 82

Jules Supervielle, extrait de *La Fable du monde* 83

Paul Eluard, « *La courbe de tes yeux…* » 84

Louis Aragon, « Vers à danser » 85

Questionnaire : Dormir ensemble 86

Robert Desnos, « J'ai tant rêvé de toi » 88

Jacques Prévert, « Pour toi mon amour » 89

Louise de Vilmorin, « Passionnément » 90

Jean Genet, « Le Condamné à mort » 91

Retour sur l'œuvre 93

❸ Dossier Bibliocollège

Brève histoire de la poésie lyrique 96

Rappel des règles de la versification 97

Registres et marques stylistiques 100

Les principales formes poétiques 102

Genre : Le lyrisme à travers les siècles 105

Groupement de textes :
La passion au théâtre et dans le roman 109

Lecture d'images et histoire des Arts 118

Et par ailleurs… 124

Dossier du professeur téléchargeable gratuitement sur :
www.enseignants.hachette-education.com

Parcours thématiques

Dire l'amour... est une anthologie chronologique de poèmes lyriques. Cette présentation a pour objectif de montrer, à travers l'œuvre de poètes fondateurs du lyrisme, les variations et les constantes du discours amoureux, conformément au nouveau programme du collège. Il nous a cependant semblé intéressant de vous suggérer également quelques idées de groupements thématiques offrant d'autres façons d'exploiter cette anthologie.

❶ *Les amours heureuses*

▶ Théophile de Viau, « À Cloris » 45
▶ Marceline Desbordes-Valmore, « Le Serment » 51
▶ Théophile Gautier, « À deux beaux yeux » 68
▶ Germain Nouveau, « Le Baiser » 74
▶ Louis Aragon, « Vers à danser » 85
▶ Louise de Vilmorin, « Passionnément » 90

❷ *La passion amoureuse*

▶ Tibulle, « Le Joug de l'amour *(Servitium amoris)* » 15
▶ Bernard de Ventadour, *« Amour, qu'est-ce qu'il vous paraît »* ... 21
▶ Dante Alighieri, extrait de *La Vie nouvelle* 27
▶ Charles d'Orléans, *« Ma seule amour... »* 32
▶ Étienne de La Boétie, *« Elle est malade, hélas !... »* 42
▶ Gérard de Nerval, « El Desdichado » 59
▶ Pétrus Borel, « Sur l'amour » 61

❸ *De la sensation au plaisir sensuel*

▶ Louise Labé, *« Je vis, je meurs ; je me brûle et me noie »* 39
▶ Jean-Pierre Claris de Florian, *« Plaisir d'amour... »* 50
▶ Victor Hugo, « À la belle impérieuse » 56

- Arthur Rimbaud, « Sensation » 76
- Paul Eluard, « *La courbe de tes yeux…* » 84
- Robert Desnos, « J'ai tant rêvé de toi » 88
- Jacques Prévert, « Pour toi mon amour » 89

❹ *La beauté féminine*

- Sappho, « *Nous tenant par la main…* » 11
- *Le Cantique des cantiques* 13
- Joachim Du Bellay, « *Ô beaux cheveux d'argent…* » 35
- Théophile Gautier, « À deux beaux yeux » 68
- Charles Baudelaire, « À une passante » 70
- Paul Verlaine, « Mon rêve familier » 71
- Germain Nouveau, « Le Baiser » 74
- Anna de Noailles, « *Aimer, c'est de ne mentir plus* » 77
- Paul Eluard, « *La courbe de tes yeux…* » 84
- Robert Desnos, « J'ai tant rêvé de toi » 88

❺ *La fuite du temps*

- Catulle, « À Lesbie » 14
- Pierre de Ronsard, « *Quand vous serez bien vieille…* » 40
- Jean-Pierre Claris de Florian, « *Plaisir d'amour…* » 50
- Alphonse de Lamartine, « L'Isolement » 53
- Guillaume Apollinaire, « Le Pont Mirabeau » 79
- Jules Supervielle, extrait de *La Fable du monde* 83
- Louis Aragon, « Vers à danser » 85
- Jean Genet, « Le Condamné à mort » 91

❻ *Art d'aimer et art de déclarer son amour*

- Sappho, « *Nous tenant par la main…* » 11
- *Le Cantique des cantiques* 13
- Ovide, « Déclaration » 12

- Marie de France, « Lai du chèvrefeuille » 24
- Guillaume de Lorris, extrait du *Roman de la Rose* 25
- Joachim Du Bellay, « *Ô beaux cheveux d'argent...* » 35
- La Fontaine, extrait des *Amours de Psyché et de Cupidon* 47
- Anna de Noailles, « *Aimer, c'est de ne mentir plus* » 77
- Paul Eluard, « *La courbe de tes yeux...* » 84

⑦ *Les sonnets*

- Pétrarque, extrait des *Sonnets* 31
- Joachim Du Bellay, « *Ô beaux cheveux d'argent...* » 35
- Louise Labé, « *Je vis, je meurs ; je me brûle et me noie* » 39
- Pierre de Ronsard, « *Quand vous serez bien vieille...* » 40
- Étienne de La Boétie, « *Elle est malade, hélas !...* » 42
- Honoré d'Urfé, « Qu'il ne faut point aimer sans être aimé » 43
- Gérard de Nerval, « El Desdichado » 59
- Alfred de Musset, « *Se voir le plus possible...* » 67
- Théophile Gautier, « À deux beaux yeux » 68
- Charles Baudelaire, « À une passante » 70
- Paul Verlaine, « Mon rêve familier » 71

⑧ *Les chansons*

- Bernard de Ventadour, « *Amour, qu'est-ce qu'il vous paraît* » ... 21
- Marie de France, « Lai du chèvrefeuille » 24
- Guillaume de Lorris, extrait du *Roman de la Rose* 25
- Charles d'Orléans, « *Ma seule amour...* » 32
- Marceline Desbordes-Valmore, « Le Serment » 51
- Victor Hugo, « À la belle impérieuse » 56
- Guillaume Apollinaire, « Le Pont Mirabeau » 79
- Louis Aragon, « Vers à danser » 85
- Robert Desnos, « J'ai tant rêvé de toi » 88
- Jacques Prévert, « Pour toi mon amour » 89

Retenir l'essentiel

Le lyrisme est l'expression de sentiments personnels sublimés, heureux ou malheureux. Le registre lyrique n'est pas uniquement lié au genre de la poésie.

La poésie **lyrique** apparaît durant l'Antiquité grecque, pour célébrer les dieux et les héros. Il existe aussi une poésie **épique** (récit d'événements historiques ou légendaires), une poésie **satirique** (qui critique les défauts humains ou de la société), une poésie **didactique** (qui vise à enseigner quelque chose) et une poésie **engagée** (qui prend parti).

LA POÉSIE LYRIQUE

- **Les formes poétiques clés :** l'hymne, l'ode, l'élégie, le rondeau, la ballade, le sonnet.
- **Les registres clés :** ceux de la tristesse (élégiaque, pathétique, mélancolique) et de la joie (bonheur, enthousiasme, allégresse).
- **Les thèmes clés :** l'amour, la mort, la nature, le temps qui fuit, la nostalgie, le divin.
- **Les auteurs clés :** Ovide (Antiquité), Pétrarque (humanisme), Charles d'Orléans (poésie courtoise), Joachim Du Bellay (Pléiade), Victor Hugo (romantisme), Charles Baudelaire (symbolisme), Paul Eluard (surréalisme).

ANTHOLOGIE DE POÈMES LYRIQUES

Dire l'amour,
de l'Antiquité à nos jours

Acis et Galatée, amants de la mythologie grecque,
dont les amours tragiques sont racontés
par Ovide dans les *Métamorphoses*.

La poésie lyrique antique

SAPPHO
(V. 630-V. 580 AV. J.-C.)

[Sappho est une poétesse et une éducatrice grecque née dans l'île de Lesbos, au sein d'une famille noble. Elle développe, dans les fragments qui nous sont parvenus, un lyrisme personnel, qui n'a plus pour mission, comme c'était le cas pour les poètes avant elle, de célébrer les actions glorieuses des héros ou des dieux. Sappho est ainsi la première poétesse à chanter l'amour passionné. La légende raconte qu'elle se serait jetée dans la mer après avoir été délaissée par Phaon.]

1 […]
Nous tenant par la main, dans la nuit parfumée,
Nous allions à la source ou rôdions[1] par les landes[2].
J'ai tressé pour ton cou d'entêtantes[3] guirlandes ;
5 La verveine[4], la rose et la fraîche hyacinthe[5]
Nouaient sur ton beau sein leur odorante étreinte ;
Les baumes précieux oignaient[6] ton corps charmant

Notes
1. **rôdions** : errions.
2. **landes** : vastes terrains à végétation rase.
3. **entêtantes** : obsédantes.
4. **verveine** : herbe ou arbrisseau odorant.
5. **hyacinthe** : jacinthe (fleur).
6. **oignaient** : enduisaient d'huile.

Et jeune. Près de moi reposant tendrement,
Tu recevais des mains expertes des servantes
10 Les mille objets que l'art et la mollesse[1] inventent
Pour parer les filles d'Ionie[2]...
Ô plaisir disparu ! Joie à jamais finie !
L'éperdu[3] rossignol[4] charmait les bois épais,
Et la vie était douce et notre cœur en paix...

Extrait recueilli dans La Couronne et la Lyre.
Anthologie de la poésie grecque ancienne,
traduction de Marguerite Yourcenar, © Gallimard, 1979.

**Portrait de jeune femme à Pompéi,
parfois considéré comme un portrait imaginaire
de la poétesse Sappho.**

Notes

1. l'art et la mollesse : la séduction et la douceur (ou la paresse).
2. Ionie : région de Grèce antique, à l'ouest de l'Asie Mineure.

3. éperdu : éprouvant très vivement un sentiment.
4. rossignol : petit oiseau de la famille des passereaux connu pour son chant.

Dire l'amour, de l'Antiquité à nos jours

LE CANTIQUE DES CANTIQUES

[*Le Cantique des cantiques* est un des livres de la Bible dont la composition est attribuée à un compilateur du Vᵉ siècle avant J.-C., bien que le texte remonte à plusieurs siècles auparavant. Il se compose de 5 chants d'amour qui forment un dialogue entre un homme et une femme.]

IX

Oui, tu es belle, mon amie! oui, tu es belle! Tes yeux sont des yeux de colombe sous les plis de ton voile. Tes cheveux sont comme un troupeau de chèvres suspendues aux flancs du Galaad[1]. Tes dents sont comme un troupeau de brebis tondues qui sortent du bain; chacune d'elles porte deux jumeaux, aucune d'elles n'est stérile. Tes lèvres sont comme un fil de pourpre[2], et ta bouche est charmante. Ta joue est comme une moitié de grenade, sous les plis de ton voile. Ton cou est comme la tour de David[3] bâtie pour servir d'arsenal[4], où sont suspendus mille cuirasses[5] et tous les boucliers des braves. Tes deux seins sont comme deux jumeaux de gazelle, qui paissent[6] au milieu des lis[7]. Quand le jour fraîchira et que les ombres s'inclineront, je m'acheminerai[8] vers le mont de la myrrhe[9], vers la colline de l'encens[10]. […]

Le Cantique des cantiques, traduction d'Ernest Renan, 1884.

Notes

1. **Galaad** : dans la Bible, région montagneuse de l'actuelle Jordanie.
2. **pourpre** : rouge foncé.
3. **tour de David** : citadelle construite dans la vieille ville de Jérusalem.
4. **arsenal** : lieu où l'on stocke, fabrique et répare les armes.
5. **cuirasses** : armures.
6. **paissent** : mangent de l'herbe.

7. **lis** : plantes ornementales à grandes fleurs odorantes. Lorsque la fleur est blanche, elle est symbole de pureté.
8. **m'acheminerai** : me dirigerai.
9. **myrrhe** : gomme-résine parfumée, utilisée dans les rites religieux.
10. **encens** : résine que l'on brûle pour parfumer un lieu.

La poésie lyrique antique

CATULLE
(V. 87-V. 54 AV. J.-C.)

[Catulle est un poète latin. Il est le précurseur du genre élégiaque en ce sens qu'il exprime ses sentiments dans ses textes. Jusqu'alors, les sentiments d'un homme envers une femme avaient, chez les Romains, quelque chose de ridicule, voire d'humiliant. Catulle, lui, n'hésitera pas à se prendre pour sujet de son œuvre et à parler de passion amoureuse. La Lesbie dont il est question dans l'extrait serait une certaine Clodia, femme d'un consul avec laquelle Catulle connut des amours mouvementées; mais il l'aurait nommée Lesbie en l'honneur de la poétesse Sappho qui vivait sur l'île de Lesbos.]

À Lesbie

1   Vivons, ô ma Lesbie, vivons pour nous aimer et que les vains[1] murmures de la vieillesse chagrine[2] ne nous inquiètent pas. La lumière du soleil peut s'éteindre et reparaître; mais nous, lorsqu'une fois la lumière de nos jours, cette lueur fugitive[3],
5   s'est éteinte, il nous faut tous dormir dans une nuit éternelle. Donne-moi donc mille baisers, puis cent, puis mille autres, et encore cent et encore mille, et cent autres encore. Qu'après des milliers enfin nous en embrouillions si bien le nombre que nous ne le sachions plus, et qu'un envieux ne puisse nous jalouser en
10   apprenant qu'il est donné tant de baisers.

Catulle, *Élégie V*, traduction de M. Nisard, 1869

Notes

1. **vains** : inutiles.
2. **chagrine** : triste.

3. **fugitive** : en fuite.

Dire l'amour, de l'Antiquité à nos jours

TIBULLE
(V. 50-19 OU 18 AV. J.-C.)

[Tibulle est un poète lyrique latin. Avec Virgile, Horace et Ovide qu'il rencontre au cours de ses voyages, il invente la poésie champêtre. L'ensemble d'élégies appelées « Le Joug de l'amour » célèbre une belle et orgueilleuse courtisane qui lui inspira une violente passion et qu'il nomma Némésis en référence à la déesse grecque qui poursuit de sa vengeance les hommes qui tentent d'échapper à leur destinée. Tibulle chante l'amour, avec ses joies, ses espoirs, ses déceptions, ses souffrances, son dégoût pour la vie turbulente, son goût pour la campagne, et sa mélancolie face à la mort.]

Le Joug[1] de l'amour *(Servitium amoris)*

1   Me voici donc en esclavage, je le vois, et sous le joug d'une
    maîtresse : adieu désormais, belle liberté de mes pères; mais
    c'est un esclavage bien dur qui m'est imposé, je suis attaché
    avec des chaînes et jamais, pour mon malheur, Amour[2] ne des-
5   serre les liens, et, pour je ne sais quelle faute ou quelle erreur,
    il me brûle! Ah! éloigne, cruelle, tes torches. Oh! plutôt que
    de ressentir de pareilles douleurs, que j'aimerais mieux n'être,
    sur des montagnes glacées, qu'une pierre, n'être qu'une roche
    dressée, exposée au déchaînement des vents et battue par l'onde
10 vitreuse[3] de la mer qui engloutit les vaisseaux! Maintenant amer
    est le jour, et l'ombre de la nuit plus amère encore : c'est que
    tous les instants pour moi, sont empoisonnés d'un âcre[4] fiel[5] et
    je n'ai plus rien à attendre ni de mes élégies ni d'Apollon[6] qui

---

Notes

1. **Joug** : pièce de bois servant à atteler des animaux (chevaux, bœufs...) tirant un véhicule.
2. **Amour** : allégorie, personnification de l'amour.
3. **vitreuse** : sans éclat.

4. **âcre** : à l'odeur ou à la saveur irritante.
5. **fiel** : bile (symbole de la colère).
6. **Apollon** : dieu des Arts, de la Lumière et de la Divination; un des principaux dieux de la mythologie grecque.

m'inspire mes vers : c'est de l'or que ne me cesse de réclamer sa
15 main grande ouverte.
Loin de moi, Muses, si vous ne pouvez rien pour un amant :
non, ce n'est point pour avoir des guerres à chanter que je vous
honore, je ne retrace point la marche du Soleil ni comment, une
fois qu'elle a complété son disque, la Lune fait tourner ses che-
20 vaux et revient ; c'est un accès facile auprès de ma maîtresse que
je demande aux vers de m'obtenir : loin de moi, ô muses, s'ils
n'ont pas ce pouvoir. C'est le meurtre et le crime qui doivent me
procurer de quoi donner, pour ne pas rester étendu en larmes
devant une demeure close ; ou bien il faut que je ravisse[1] les
25 offrandes[2] suspendues aux murs sacrés des temples ; mais c'est à
Vénus que je dois m'attaquer d'abord : c'est elle qui me pousse
au crime en me donnant une maîtresse rapace[3] ; qu'elle sente
mes mains sacrilèges[4].
[…]

Tibulle et les auteurs du « Corpus Tibullianum » (extrait de l'élégie II, 4),
traduction de Max Ponchont, © Les Belles Lettres, Paris, 1926.

Notes

1. **ravisse** : vole.
2. **offrandes** : dons faits à une divinité.
3. **rapace** : avide d'argent.

4. **sacrilèges** : qui offensent une personne
un lieu ou une chose sacrés.

16 | *Dire l'amour, de l'Antiquité à nos jours*

OVIDE
(43 AV. J.-C.-17 AP. J.-C.)

[Ovide est un poète latin qui a publié de nombreux ouvrages (notamment l'*Art d'aimer* et les *Métamorphoses*) et qui fut l'un des auteurs les plus appréciés à Rome jusqu'à ce que l'empereur Auguste le bannisse et l'oblige à s'exiler en 8 ap. J.-C. Composées vers 15 av. J.-C., les élégies des *Amours* évoquent, par le biais de la mythologie et en utilisant le distique élégiaque (2 vers dont le premier est plus long que le second), les femmes qu'Ovide a aimées et dont il dissimule l'identité sous la figure symbolique d'une certaine Corinne.]

Déclaration

1   Prière juste : ô toi qui sus hier me charmer,
        Aime-moi bien lorsque je t'aime.
    Est-ce trop ? Permets-moi seulement de t'aimer,
        Et je louerai Vénus de même.
5   Accueille qui veut vivre à tes pieds enchaîné,
        Accueille une flamme sincère.
    Si d'illustres aïeux[1] ton amant n'est point né,
        Un chevalier étant son père ;
    Si d'un riche domaine il n'a pas les douceurs
10   Et doit avec peu se suffire[2] :
    Qu'il ait pour répondants Phébus et les neuf Sœurs[3],
        Bacchus[4] et l'Amour[5] qui l'inspire ;
    Et ses mœurs sans reproche et sa fidélité,
        Sa pudeur[6] et son innocence.

---

1. aïeux : ancêtres.
2. avec peu se suffire : se contenter de peu.
3. Phébus et les neuf Sœurs : nom latin du dieu Apollon et noms poétiques donnés au Soleil et aux planètes du système solaire.

4. Bacchus : nom latin de Dionysos, dieu de la Vigne et du Vin, des Extases et des Mystères.
5. Amour : représentation latine du dieu de l'Amour Cupidon.
6. pudeur : gêne.

La poésie lyrique antique | 17

15 Loin de lui mille amours ! toi seule, en vérité,
  Seras l'objet de sa constance.
Oui, que la Parque[1] file[2] à tes côtés mes jours,
  Mais les brise, à ta moindre plainte.
Laisse-moi te chanter, et mes œuvres toujours
20   Porteront ta divine empreinte.
Grâce aux vers, on admire Io[3], que veille Argus[4],
  Et Léda[5], qu'un cygne féconde ;
Par eux célèbre encore est la sœur de Cadmus[6],
  Qu'un dieu taureau[7] ravit sur l'onde :
25 Belle, ainsi nos deux noms, tendrement confondus,
  Vivront à jamais dans le monde !

Ovide, *Les Amours,* livre I, élégie III,
traduction d'Ulysse de Séguier, 1879.

Notes

1. Les Parques sont trois divinités romaines de la Naissance et de la Mort.
2. **file** : tisse.
3. Dans la mythologie grecque, Io, jeune femme séduite par Zeus, est transformée en génisse par la femme de Zeus, Héra, jalouse de cette infidélité.
4. Héra a chargé Argus, qui a cent yeux, de garder la génisse Io.

5. Léda est séduite par Zeus et en a deux enfants, Hélène et Pollux.
6. Cadmus fonde la cité de Thèbes, après une longue quête pour retrouver sa sœur Europe enlevée par Zeus.
7. **dieu taureau** : Zeus se métamorphosa en taureau pour enlever Europe, la sœur de Cadmus.

Dire l'amour, de l'Antiquité à nos jours

Une déclaration d'amour fabuleuse

Questions sur le poème d'Ovide (pp. 17-18)

AVEZ-VOUS BIEN LU ?

1 À qui Ovide s'adresse-t-il ? Qu'est-ce qui le prouve ?

2 Quels obstacles à son amour le poète rencontre-t-il ? Que promet-il en échange à sa bien-aimée ?

3 Qu'exprime le poète sur l'amour et la poésie dans ce poème ?

ÉTUDIER LA MYTHOLOGIE

4 Établissez les fiches d'identité des personnages mythologiques cités. Que nous apprennent-elles ?

5 Qu'apportent ces références à la déclaration d'amour ?

6 Quelles tonalités* se dégagent de ce poème ?

> ** tonalités :* impressions suscitées par un texte, registres (comique, tragique, pathétique...).

LE STYLE ÉLÉGIAQUE

L'élégie

L'élégie est une forme de poème antique caractérisé par son ton plaintif adapté à l'évocation d'un mort. Elle désigne aussi un chant religieux qui accompagnait le sacrifice d'un bouc. Ovide va contribuer à adapter cette forme à l'expression de la souffrance amoureuse.

7 Ce poème est-il composé en distiques, quatrains ou tercets (*cf.* p. 98) ? Combien de syllabes ont les vers (*cf.* p. 97) ?

8 La disposition des rimes et des mots à la rime suggère-t-elle un double sens ?

Questionnaire | 19

9 Montrez, à l'aide de l'encadré et avec des exemples, en quoi Ovide reste fidèle à l'élégie et en quoi il la rénove.

À VOS PLUMES !

10 Recherchez, dans un dictionnaire, des mots relevant du champ lexical* de l'éloge.

11 Recherchez, dans les *Métamorphoses* d'Ovide, deux autres histoires mythologiques évoquant l'amour, dont vous ferez une fiche de lecture.

> *** champ lexical :** ensemble de termes se rapportant à une même notion.

12 À votre tour, rédigez une déclaration utilisant l'art du compliment. Pour montrer le caractère exceptionnel de votre amour, vous évoquerez deux histoires d'amour antiques.

La poésie lyrique médiévale

BERNARD DE VENTADOUR (V. 1145-V. 1195)

[Bernard de Ventadour (ou Bernart de Ventadorn) est un troubadour (conteur et poète lyrique du Sud de la France s'exprimant en langue d'oc) d'origine modeste. On lui doit des chansons d'amour (textes et musiques) dans lesquelles il exprime, par des paroles simples et mélodiques, ses sentiments et développe le thème du *fin'amor*, c'est-à-dire de l'amour courtois propre à la poésie lyrique du Moyen Âge.]

1 Amour, qu'est-ce qu'il vous paraît :
Trouvez-vous jamais plus fou que moi ?
Croyez-vous que je sois amoureux
Et que jamais je n'obtienne merci[1] ?
5 Quoi que vous me commandiez de faire,
Je le ferai ainsi qu'il convient !
Mais il ne vous sied[2] guère
De me faire toujours souffrir.

J'aime la dame la plus gracieuse
10 Du monde, plus que toute autre chose !
Et elle ne m'aime guère !
Je ne sais comment il en est ainsi
Et, si je pense à m'en séparer,

Notes | 1. **merci** : grâce. | 2. **il ne vous sied** : il ne vous convient.

Je ne le puis, car amour me tient.
Je suis trahi par ma bonne foi,
Amour, je puis bien te le reprocher.

Avec l'Amour il me faudra contester[1] ;
Je ne puis m'en retenir,
Car en un tel lieu il me fait chercher
D'où je n'attends aucune joie.
Plutôt je me ferai pendre
Car je n'ai jamais désir ni volonté !
Mais je n'ai guère le pouvoir
Qui puisse d'Amour me défendre.

Mais Amour sait s'abaisser
Là où cela lui fait plaisir ;
Il sait donner une belle récompense
De la peine et de la douleur.
Tant, qu'il ne peut ni me marchander[2] ni me vendre
Plus que je ne puisse valoir,
Si seulement ma dame daigne[3] regarder
Et comprendre mes paroles.

Je sais bien les raisons et les choses
Que je puis à ma dame montrer
Car nul homme ne peut ni n'ose
Envers Amour contester !
Car Amour vainc de toute chose
Et me force à l'aimer !
Il peut en faire autant pour elle
En un petit instant.

Notes

1. **contester** : batailler.
2. **marchander** : donner un prix.
3. **daigne** : accepte.

C'est un grand ennui et un grand dégoût
À toujours clamer[1] merci !
Mais l'amour qui est en moi enfermé,
Je ne puis ni le couvrir ni le cacher.
45 Hélas ! mon cœur ne dort ni ne repose
Et ne peut en un lieu se fixer,
Et moi je ne puis plus supporter
S'il ne calme pas ma tristesse.

Dame, je ne peux rien vous dire
50 Le bon cœur et les beaux sentiments
Que j'ai pour vous, quand je réfléchis bien,
Car je n'ai jamais rien aimé autant.
Tous les soupirs m'auraient tué,
Dame, il y a un an passé,
55 Si ce ne fut par un beau geste,
Dont redoublent mes désirs.

Vous ne faites que plaisanter et rire,
Dame, quand je vous demande quelque chose !
Et si vous m'aimiez autant,
60 Vous n'auriez pas autre chose à dire.

Apprends à dire ma chanson,
Alegret[2] ! Et toi, Ferran[3],
Porte-là à mon Tristan[4],
Qui sait bien plaisanter et rire.

Bernard de Ventadour, *« Amour, qu'est-ce qu'il vous paraît »*,
XIIᵉ siècle. D.R.

Notes

1. clamer : crier.
2. Alegret : troubadour, interprète de
Bernard de Ventadour.
3. Ferran : troubadour.

4. Tristan : probablement le héros
de la légende arthurienne, chevalier de
la Table ronde et amant d'Iseut.

La poésie lyrique médiévale | **23**

MARIE DE FRANCE
(1154-1189)

[La personnalité de Marie de France est assez peu connue. Probablement issue d'une famille noble, elle a été reçue en tant qu'artiste à la cour du roi Henri II d'Angleterre, amateur de la légende bretonne du roi Arthur et des chevaliers de la Table ronde. Son « Lai[1] du chèvrefeuille » illustre ainsi l'histoire d'amour légendaire entre le chevalier Tristan et la reine Iseut (qui s'écrit aussi *Iseult*). Ce lai exprime un sentiment tendre et mélancolique, caractéristique du style lyrique de Marie de France.]

Lai du chèvrefeuille

1   Et lors tous deux sont-ils unis
    Tel le chèvrefeuille[2] enlacé
    Avec le tendre coudrier[3] :
    Tant qu'il est étroitement pris
5   Autour du fût[4] où il se lie,
    Ensemble peuvent-ils durer,
    Mais qu'on vienne à les séparer,
    Le coudrier mourra bientôt
    Et le chèvrefeuille aussitôt.
10   – Or, belle amie, ainsi de nous :
    Ni vous sans moi, ni moi sans vous.

Marie de France, *Lais*, extrait du «Lai du chèvrefeuille»,
traduction de Françoise Morvan, © Actes Sud, 2008.

Notes

1. Lai : long poème narratif ou lyrique médiéval en vers de 8 syllabes (octosyllabes) à rimes plates composés en dialecte anglo-normand.

2. chèvrefeuille : arbuste aux branches formant des lianes, aux fleurs parfumées.
3. coudrier : noisetier.
4. fût : tronc.

Dire l'amour, de l'Antiquité à nos jours

GUILLAUME DE LORRIS
(1RE MOITIÉ DU XIIIE SIÈCLE)

[Hormis sa naissance noble dans la commune de Lorris-en-Gâtinais, on sait peu de choses de la vie du poète français Guillaume de Lorris, auteur de la première partie du *Roman de la Rose* (v. 1230-1235) que le poète Jean de Meung complétera quarante ans plus tard. Cette œuvre évoque, sous la forme d'un rêve, la cour qu'un homme fait à sa bien-aimée, ses tentatives pour pénétrer le jardin clos symbolisant la dame. Ce rêve printanier se situe cinq ans plus tôt que l'intrigue et décrit Amour régnant sur un jardin clos, protégé des vices et des défauts humains.]

1 Au vingtième an de mon âge,
  Au temps où l'amour prend le péage[1]
  Des jeunes gens, j'étais couché
  Une nuit, selon ma coutume,
5 Et je dormais profondément ;
  En mon sommeil, je vis un songe
  Vraiment très beau et très plaisant.
  Or de ce songe il n'y eut rien
  Qui en tout ne soit advenu[2]
10 Comme le songe le contait.
  Je veux ce songe mettre en vers,
  Pour vous réjouir le cœur,
  Car amour m'en prie et le commande ;
  Et si l'un ou l'une demande
15 Comment je veux que ce roman

---

1. péage : au Moyen Âge, droit seigneurial perçu pour le passage sur une route, une rivière ou un pont.

2. advenu : arrivé.

Que je commence soit nommé,
Voici le Roman de la Rose
Où l'art d'Amour est tout enclose[1].
[…]

Guillaume de Lorris, *Le Roman de la Rose*, «L'Art d'aimer»,
collection littéraire Lagarde et Michard, © Bordas, 1993.

---

1. enclose : contenue.

Dire l'amour, de l'Antiquité à nos jours

DANTE ALIGHIERI
(1265-1321)

[Dante Alighieri est un écrivain italien issu de la petite noblesse de Florence. Dans *La Vie nouvelle* (*Vita nuova* en italien), il chante son amour pour Béatrice, sa «*Dame*». Il crée, en langage courant, une nouvelle littérature italienne raffinée, complexe, puisque cet art poétique en 43 chapitres mêle, sous l'intrigue amoureuse, des expériences intérieures, philosophiques, historiques et religieuses. *La Vie nouvelle* est, en outre, un prosimètre, c'est-à-dire un texte dans lequel vers et prose alternent. Ici, il s'agit d'un double sonnet composé de 20 vers rimés en italien (mais pas dans la traduction) au lieu des 14 vers du sonnet régulier. 6 courts vers sont rajoutés, après les 1er et 3e vers des 2 quatrains et après le 2e vers des 2 tercets, suivant le schéma : AaBAaB AaBAaB CDdC DCcD (les minuscules correspondent aux vers ajoutés).]

1 Cette dame qui m'avait pendant si longtemps servi à cacher ma volonté, il fallut qu'elle quittât la ville où nous étions, pour une résidence éloignée. De sorte que moi, fort troublé d'avoir perdu la protection de mon secret, je me trouvai plus déconcerté que
5 je n'aurais cru devoir l'être. Et, pensant que, si je ne témoignais pas quelque chagrin de son départ, on s'apercevrait plus tôt de ma fraude, je me proposai de l'exprimer dans un sonnet que je reproduirai ici parce que certains passages s'y adresseront à ma Dame, comme s'en apercevra celui qui saura le comprendre.

10 Ô vous qui passez par le chemin de l'Amour,
Faites attention et regardez
S'il est une douleur égale à la mienne.
Je vous prie seulement de vouloir bien m'écouter ;
Et alors vous pourrez vous imaginer
15 De quels tourments je suis la demeure et la clef[1].

Note

1. **je suis la demeure et la clef** : je suis le gardien.

La poésie lyrique médiévale

L'Amour, non pour mon peu de mérite
Mais grâce à sa noblesse,
Me fit la vie si douce et si suave[1]
Que j'entendais dire souvent derrière moi :
20 «Ah! À quels mérites
Celui-ci doit-il donc d'avoir le cœur si joyeux?»

Maintenant, j'ai perdu toute la vaillance[2]
Qui me venait de mon trésor amoureux,
Et je suis resté si pauvre
25 Que je n'ose plus parler.

Si bien que, voulant faire comme ceux
Qui par vergogne[3] cachent ce qui leur manque,
Je montre de la gaieté au-dehors
Tandis qu'en dedans mon cœur se resserre et pleure.

Dante Alighieri, *La Vie nouvelle* (1292-1294), chap. VII,
traduction de Maxime Durand-Fardel, 1898.

Notes

1. suave : agréable.
2. toute la vaillance : tout le courage.
3. vergogne : honte.

Dire l'amour, de l'Antiquité à nos jours

Un amour secret

Questions sur le poème de Dante (pp. 27-28)

AVEZ-VOUS BIEN LU ?

1 D'après le texte en prose, à qui s'adresse le poète ?

2 Quels mots, dans la partie en prose, montrent que cette déclaration est une fausse déclaration ?

3 Que déplore et que célèbre le poème en vers ?

ÉTUDIER LE LYRISME DE LA PLAINTE DANS LE SONNET

4 Relevez le champ lexical* de la plainte et de l'amour dans le sonnet.

* champ lexical : ensemble de termes se rapportant à une même notion.

5 Comment appelle-t-on le type de discours des lignes 20-21 ? Quel effet produit-il ?

6 Quel type d'adverbes domine la fin du poème, des lignes 16 à 29 ? Quelle tonalité* est ainsi renforcée ?

* tonalité : impression d'ensemble suscitée par un texte, registre.

LE PROSIMÈTRE

Le prosimètre

Le prosimètre est une forme mixte, faisant alterner texte en vers et texte en prose (le premier représentant souvent le faux et le second le vrai) pour aborder toutes les formes d'échanges.

7 Peut-on dire que la première partie (l. 1 à 9) de l'extrait est de la poésie ?

8 Les vers du sonnet (l. 10 à 29) sont-ils réguliers ?

9 Quel est l'effet recherché par Dante en combinant les formes? Pour vous aider, recherchez le sens de l'expression latine *« Placere et docere »*.

À VOS PLUMES !

10 À votre tour, rédigez en prose la narration d'une situation qui vous a contraint(e) au secret, puis, sous forme de vers libres, ce que vous en avez réellement dit, pour imiter ainsi le prosimètre de Dante.

**Dante et Béatrice montant vers le ciel.
Dessin au trait de Pierre de Cornelius (1830).**

Dire l'amour, de l'Antiquité à nos jours

PÉTRARQUE (1304-1374)

[Francesco Petrarca, connu sous le nom de Pétrarque en français, est un grand poète érudit et humaniste de la littérature italienne du XIVe siècle, ami de l'écrivain Boccace. Après Dante Alighieri, il rénove le courant littéraire italien du *Dolce Stil Novo* dont les thèmes principaux sont l'amour et la courtoisie. Son recueil poétique le *Canzoniere* («chansonnier»), qui chante sa passion pour Laure, eut une influence considérable sur la poésie lyrique future. Sa poésie raffinée, parfaite sur le plan de la forme, a perfectionné le modèle du sonnet, et notamment inspiré les poètes de la Pléiade.]

Sonnet XIII

1   Que de fois, tout en pleurs, fuyant le genre humain,
    Et me fuyant moi-même en mon charmant asile,
    J'inonde ma poitrine et l'herbe du chemin !
    Que de fois mes soupirs troublent l'air immobile !

5   Que de fois, seul, en proie à mes rêves d'amour,
    Au fond d'un bois épais et d'une grotte obscure,
    Je cherche autour de moi cette femme si pure
    Que me ravit la tombe où j'aspire à mon tour !

    Tantôt elle s'élance en nymphe vaporeuse[1]
10 Sur les flots argentés de la Sorgue[2] écumeuse,
    Et s'assied près de moi sur ses bords enchanteurs ;

    Tantôt, d'un pied léger, son image chérie
    Agite doucement les fleurs de la prairie,
    Et semble à mon aspect[3] prendre part à mes pleurs.

Étude sur les poètes italiens, traduction de Gustave Chatenet, 1892.

Notes
1. **nymphe vaporeuse** : divinité gréco-romaine de la nature représentée en belle jeune femme nue, faite de vapeur ici.
2. **Sorgue** : rivière du Vaucluse passant par Avignon.
3. **à mon aspect** : en me voyant.

La poésie lyrique médiévale

CHARLES D'ORLÉANS
(1394-1465)

[Prince français et poète remarquable, Charles d'Orléans est le neveu du roi Charles VI. En 1410, après l'assassinat de son père, il dirige les armées royales contre le roi d'Angleterre, mais, lors de la désastreuse bataille d'Azincourt, une des plus célèbres de la guerre de Cent Ans, il est fait prisonnier. Emmené en Angleterre, il y est retenu vingt-cinq ans. Ce n'est qu'en 1440 qu'il est libéré contre une rançon. En 1410, avant son emprisonnement, il avait épousé Bonne d'Armagnac, à qui il dédie la plupart de ses ballades et rondeaux composés en prison.]

1 Ma seule amour, ma joie et ma maîtresse,
Puisqu'il me faut loin de vous demeurer,
Je n'ai plus rien à me réconforter
Qu'un souvenir pour retenir liesse[1].

5 En allégeant[2], par Espoir, ma détresse,
Me conviendra le temps ainsi passer,
Ma seule amour, ma joie et ma maîtresse,
Puisqu'il me faut loin de vous demeurer.

Car mon las cœur, bien garni de tristesse,
10 S'en est voulu avecques[3] vous aller ;
Ne[4] je ne puis jamais le recouvrer[5]
Jusque verrai votre belle jeunesse,
Ma seule amour, ma joie et ma maîtresse.

Charles d'Orléans, Poésies relatives à la maladie,
à la mort et aux obsèques de la duchesse d'Orléans, 1464.

Notes
1. **liesse :** la joie collective.
2. **En allégeant :** en enlevant le poids de, en rendant moins pénible.
3. **avecques :** avec.
4. **ne :** ni.
5. **recouvrer :** retrouver.

L'amour en exil

Questions sur le poème de Charles d'Orléans (p. 32)

AVEZ-VOUS BIEN LU ?

1 Quelle expérience douloureuse Charles d'Orléans relate-t-il ?

2 À qui le poète s'adresse-t-il ?

3 Comment trouve-t-il du réconfort ?

ÉTUDIER L'EXPRESSION
DE LA TRISTESSE LIÉE À L'EXIL

4 Relevez les champs lexicaux* de l'exil, de la souffrance, du réconfort, du temps et de l'amour. Lequel est le plus développé ? Pourquoi ?

5 Quel est le ton* du poème ?

6 Charles d'Orléans utilise plusieurs temps de l'indicatif. Qu'expriment ces différents temps pour le poète ?

> *champs lexicaux :* ensembles de termes se rapportant à des notions précises.
>
> *ton :* tonalité, impression d'ensemble suscitée par un texte, registre (comique, tragique, pathétique...).

LE RONDEAU

7 Les types de strophes et leur disposition permettent-ils d'expliquer le nom *rondeau* ?

8 Commentez le choix des mots mis à la rime. Faites une recherche sur le mètre utilisé par le poète pour expliquer ce choix. Qu'est-ce qui rend ce poème si mélodieux ?

Questionnaire | 33

À VOS PLUMES !

9 Identifiez le type de rimes employées dans le poème et listez des mots qui pourraient composer des rimes autour d'une activité qui vous apporte du réconfort.

10 En utilisant les champs lexicaux du temps, de la souffrance et du réconfort, et les rimes trouvées à la question 9, inventez, à la manière de Charles d'Orléans, un rondeau sur ce qui vous apporte du réconfort.

La poésie lyrique à la Renaissance

JOACHIM DU BELLAY (1522-1560)

[Joachim Du Bellay est un poète français. Avec Pierre de Ronsard, il fonde le groupe poétique de la Pléiade, dont il rédige le manifeste, *Défense et Illustration de la langue française* (1549). *Les Regrets*, recueil de sonnets qui mêlent l'élégie (qui exprime la souffrance amoureuse) et la satire (qui exprime une critique moqueuse), est son œuvre la plus connue. Dans le sonnet XCI, «Ô beaux cheveux d'argent...», l'éloge apparent d'une jeune et belle femme sous forme de blason cache, en réalité, un satirique contre-blason d'une vieille femme.]

1 Ô beaux cheveux d'argent mignonnement retors[1] !
  Ô front crêpe[2] et serein ! et vous, face dorée !
  Ô beaux yeux de cristal ! ô grand bouche honorée,
  Qui d'un large repli[3] retrousses tes deux bords !

5 Ô belles dents d'ébène[4] ! ô précieux trésors,
  Qui faites d'un seul ris[5] toute âme enamourée[6] !

Notes

1. **retors** : bouclés.
2. **crêpe** : voile en soie noire porté sur la tête en signe de deuil ; synonyme aussi de « frisé ».
3. **repli** : pli.
4. **ébène** : bois d'un noir profond.
5. **ris** : rire.
6. **enamourée** : amoureuse.

Ô gorge damasquine[1] en cent plis figurée[2] !
Et vous, beaux grands tétins[3], dignes d'un si beau corps !

Ô beaux ongles dorés[4] ! ô main courte et grassette[5] !
Ô cuisse délicate ! et vous, jambe grossette[6],
Et ce que je ne puis honnêtement nommer !

Ô beau corps transparent[7] ! ô beaux membres de glace[8] !
Ô divines beautés ! pardonnez-moi, de grâce,
Si, pour être mortel, je ne vous ose aimer.

Joachim Du Bellay, *Les Regrets*, 1558.

Notes

1. damasquine : couverte de dessins décoratifs comme ceux appliqués à la surface d'objets en fer ou en acier, ridée.
2. en cent plis figurée : plissée.
3. tétins : seins.
4. dorés : jaunes.
5. grassette : grassouillette.
6. grossette : rondelette.
7. transparent : clair et fragile.
8. de glace : transparents, clairs.

Blasons et contre-blasons amoureux

Questions sur le poème de Joachim Du Bellay (pp. 35-36)

Avez-vous bien lu ?

1 Que célèbre Joachim Du Bellay dans ce poème ?

2 Le poète vous paraît-il amoureux de la femme qu'il décrit ?

3 Quels mots paraissent étranges dans ce poème ? Pourquoi ?

Étudier le blason amoureux

4 Relevez le champ lexical* de la beauté et celui de la vieillesse. Que constatez-vous ?

> *champ lexical :* ensemble de termes se rapportant à une même notion.

5 Étudiez la progression du poème. Quelle définition du blason pouvez-vous en déduire ?

6 Relevez les marques de l'éloge. Qu'exprime leur répétition ?

Le sonnet

7 Par l'observation des strophes, pouvez-vous expliquer comment se compose un sonnet régulier ?

8 Observez l'organisation des rimes dans les vers 1 à 8. Comment appelle-t-on ce type de rimes ? Dans quels sens opposés pouvez-vous interpréter ce schéma rimique (cf. p. 99) ?

9 Étudiez les vers du dernier tercet (v. 12 à 14). Quelle est leur fonction par rapport à l'ensemble de ce poème (cf. p. 104) ?

À VOS PLUMES !

10 Dressez une liste d'adjectifs élogieux ou critiques à propos d'un défaut particulier (l'avarice, la méchanceté…).

11 Rédigez le portrait satirique d'un défaut humain, en faisant semblant d'en faire l'éloge par le choix d'adjectifs évoquant tantôt l'éloge tantôt la critique à la manière de Du Bellay.

LOUISE LABÉ (1524-1566)

[Poétesse née à Lyon, Louise Labé doit son surnom de « Belle Cordière » au métier de son père, puis de son époux, dont la fortune lui permet de se consacrer à l'écriture. Elle appartient au groupe poétique de l'École lyonnaise. Son sonnet lyrique *« Je vis, je meurs... »*, publié en 1555, s'inscrit dans la tradition de la poésie amoureuse initiée par le poète Pétrarque. Il est composé en décasyllabes à rimes embrassées et mêle avec originalité de nombreuses émotions.]

1 Je vis, je meurs ; je me brûle et me noie ;
J'ai chaud extrême en endurant[1] froidure[2] ;
La vie m'est et trop molle et trop dure ;
J'ai grands ennuis entremêlés de joie.

5 Tout à un coup je ris et je larmoie[3],
Et en plaisir maint[4] grief[5] tourment j'endure ;
Mon bien s'en va, et à jamais il dure ;
Tout en un coup je sèche[6] et je verdoie[7].

Ainsi Amour inconstamment[8] me mène ;
10 Et, quand je pense avoir plus de douleur,
Sans y penser je me trouve hors de peine.

Puis, quand je crois ma joie être certaine
Et être au haut de mon désiré heur[9],
Il me remet en mon premier malheur.

Louise Labé, *Œuvres*, 1555.

---

1. **endurant** : subissant.
2. **froidure** : le froid.
3. **larmoie** : pleure.
4. **maint** : nombreux.
5. **grief** : douloureux.
6. **je sèche** : je m'ennuie à l'attendre.
7. **je verdoie** : je m'épanouis.
8. **inconstamment** : capricieusement.
9. **heur** : bonheur.

La poésie lyrique à la Renaissance

PIERRE DE RONSARD
(1524-1585)

[Pierre de Ronsard est un auteur français majeur du XVIe siècle et l'un des poètes de la Pléiade. Auteur de poèmes engagés ou lyriques et d'épopées, il imite d'abord le style des auteurs antiques, puis se tourne vers le sonnet en décasyllabes ou, comme ici, en alexandrins. C'est Catherine de Médicis qui lui commande une œuvre capable de consoler sa protégée Hélène de Surgères de la perte de son amant à la guerre. Ronsard rédige alors les *Sonnets pour Hélène* (1578), où il loue la beauté de la jeune femme et la compare à l'héroïne de la guerre de Troie, Hélène. Le vieux poète se met aussi en scène, pour montrer le dédain que lui témoigne Hélène.]

1 Quand vous serez bien vieille, au soir, à la chandelle,
Assise auprès du feu, dévidant[1] et filant[2],
Direz, chantant mes vers, en vous émerveillant :
Ronsard me célébrait du temps que j'étais belle.

5 Lors, vous n'aurez servante oyant[3] telle nouvelle,
Déjà sous le labeur[4] à demi sommeillant,
Qui au bruit de mon nom ne s'aille réveillant,
Bénissant votre nom de louange[5] immortelle.

Je serai sous la terre, et, fantôme sans os,
10 Par les ombres myrteux[6] je prendrai mon repos ;
Vous serez au foyer une vieille accroupie,

Notes

1. **dévidant** : déroulant du fil.
2. **filant** : transformant la laine en fil.
3. **oyant** : entendant.
4. **labeur** : travail.

5. **louange** : expression de l'admiration, du mérite de quelqu'un.
6. **myrteux** : couvert de myrte, plante odorante utilisée dans les cérémonies religieuses.

Dire l'amour, de l'Antiquité à nos jours

Regrettant mon amour et votre fier dédain[1].
Vivez, si m'en croyez, n'attendez à demain :
Cueillez dès aujourd'hui les roses de la vie.

Pierre de Ronsard, *Sonnets pour Hélène*, 1578.

Note

1. dédain : attitude d'indifférence méprisante.

La poésie lyrique à la Renaissance

ÉTIENNE DE LA BOÉTIE (1530-1563)

[Étienne de La Boétie, mort avant ses 33 ans, doit aujourd'hui l'essentiel de sa notoriété à Montaigne qui célébra leur amitié dans ses *Essais*. Connu pour son *Discours de la servitude volontaire*, il est aussi l'auteur de poèmes dont la plupart sont des sonnets influencés par le poète italien Pétrarque. Ses sonnets composent un éloge de la servitude amoureuse volontaire.]

1 Elle est malade, hélas! que faut-il que je face[1]?
Quel confort, quel remède? Ô cieux, et vous m'oyez,
Et tandis, devant vous, ce dur mal vous voyez
Outrager[2] sans pitié la douceur de sa face!

5

Si vous l'ôtez, cruels, à ceste[3] terre basse,
S'il faut d'elle là-haut que riches vous soyez,
Au moins pensez à moi, et, pour Dieu, m'octroyez[4]
Qu'au moins tout d'une main Charon[5] tous deux nous passe;

10 Ou s'il est, ce qu'on dit des deux frères d'Hélène[6],
Que l'un pour l'autre au ciel, et là-bas se promène,
Or[7] accomplissez moi une pareille envie :

Ayez, ayez de moi, ayez quelque pitié;
Laissez nous, en l'honneur de ma forte amitié,
15 Moi mourir de sa mort, ell'[8] vivre de ma vie.

> Étienne de La Boétie, Sonnet III, imité de Properce,
> *Vers français* ou *Poésies françaises*, 1571-1572 (posthume).

Notes

1. **face** : fasse.
2. **outrager** : offenser, injurier gravement.
3. **ceste** : cette.
4. **m'octroyez** : accordez-moi.
5. **Charon** : dans la mythologie grecque, passeur des Enfers, transportant les âmes défuntes sur le fleuve Achéron (ou Styx).

6. **Hélène** : fille de Zeus et épouse du roi grec Ménélas, dont l'enlèvement par le Troyen Pâris fut à l'origine de la guerre de Troie.
7. **or** : maintenant.
8. **ell'** : elle.

La poésie lyrique classique aux XVIIᵉ et XVIIIᵉ siècles

HONORÉ D'URFÉ (1567-1625)

[Écrivain français, Honoré d'Urfé reçoit une éducation imprégnée de culture italienne. À 16 ans, il écrit un premier poème intitulé *Sireine de messire*. Pendant les guerres de Religion, il soutient la Ligue catholique mais, après un exil forcé, il parvient à gagner la confiance du roi Henri IV (protestant qui dut se convertir au catholicisme pour monter sur le trône). Son chef-d'œuvre, *L'Astrée*, est un roman qui raconte les amours tumultueuses du berger Céladon et de la bergère Astrée (c'est ce qu'on appelle « un roman pastoral »). Honoré d'Urfé y explore, dans un but pédagogique mais avec lyrisme, l'émotion amoureuse et les formes idéales de l'amour vers lesquelles il faut tendre.]

Qu'il ne faut point aimer sans être aimé

1 Quand je vois un amant transi[1]
Qui languit[2] d'une[3] amour extrême,
L'œil triste, et le visage blême[4],
Portant cent plis[5] sur le sourcil ;

Notes
1. **transi** : éprouvant une très grande crainte.
2. **languit** : déprime.
3. Le mot *amour* s'utilisait alors au féminin.
4. **blême** : pâle.
5. **cent plis** : des rides.

5   Quand je le vois plein de soucis,
    Qui meurt d'Amour[1] sans que l'on aime,
    Je dis aussitôt en moi-même :
    « C'est un grand sot[2] d'aimer ainsi. »

    Il faut aimer, mais que la belle
10 Brûle pour qui brûle pour elle,
    Ou bien c'est pure lâcheté[3].

    L'Amour de l'Amour est extraite[4] ;
    La charge[5] n'est jamais bien faite,
    Qui penche toute d'un côté.

Honoré d'Urfé, *L'Astrée*, 1607-1628.

Notes

1. Avec une majuscule, le mot *Amour* désigne une allégorie ou une personnification de l'amour.
2. **sot** : individu dénué de bon sens, d'intelligence.

3. **lâcheté** : manque d'énergie ou de vigueur morale.
4. **extraite** : produite.
5. **la charge** : l'équilibre.

44 | *Dire l'amour, de l'Antiquité à nos jours*

THÉOPHILE DE VIAU
(1590-1626)

[Le protestant Théophile de Viau mène une vie très libre de libertin et une brillante carrière de poète à la Cour du roi. Ses œuvres poétiques sont publiées en trois volumes de son vivant (1621-1626). À cause de ses mœurs, de son manque de foi et de *«vers indignes d'un chrétien»*, il doit s'exiler en 1619. C'est à cette période qu'il compose ses stances dites « à Cloris ». Converti au catholicisme après avoir dû fuir une nouvelle fois, il publie *Le Parnasse des poètes satyriques*, recueil collectif de poésies qui lui vaut une arrestation. Échappant de peu à une condamnation à mort, mais éprouvé par deux années d'emprisonnement, il meurt à l'âge 36 ans.]

À Cloris

1 S'il est vrai, Cloris, que tu m'aimes,
   Mais j'entends que tu m'aimes bien,
   Je ne crois point que les rois mêmes
   Aient un heur[1] comme le mien.
5 Que la mort serait importune[2]
   De venir changer ma fortune[3]
   À la félicité[4] des dieux !
   Tout ce qu'on dit de l'ambroisie[5]
   Ne touche point ma fantaisie[6]
10 Au prix des grâces[7] de tes yeux.

   Sur mon âme, il m'est impossible
   De passer un jour sans te voir
   Qu'avec un tourment plus sensible

 Notes

1. **heur** : bonheur.
2. **importune** : gênante.
3. **ma fortune** : mon sort.
4. **à la félicité** : pour le bonheur.
5. **ambroisie** : breuvage des dieux dans la Grèce antique,.
6. **ma fantaisie** : mon vif goût.
7. **grâces** : charmes.

La poésie lyrique classique aux XVIIe et XVIIIe siècles | 45

Qu'un damné[1] n'en saurait avoir.
15 Le sort, qui menaça ma vie
Quand les cruautés de l'envie
Me firent éloigner du roi,
M'exposant à tes yeux en proie[2],
Me donna beaucoup plus de joie
20 Qu'il ne m'avait donné d'effroi[3].

Que je me plus dans ma misère !
Que j'aimai mon bannissement[4] !
Mes ennemis ne valent guère
De me traiter si doucement.
25 Cloris, prions que leur malice[5]
Fasse bien durer mon supplice[6] ;
Je ne veux point partir d'ici ;
Quoi que mon innocence endure,
Pourvu que ton amour me dure,
30 Que mon exil me dure aussi.
[...]

Théophile de Viau, «Stances à Cloris», *Œuvres complètes*, 1621.

Notes

1. damné : banni du paradis, condamné
à l'enfer.
2. en proie : comme une proie.
3. d'effroi : de peur.

4. mon bannissement : mon exil,
ma solitude.
5. leur malice : leurs mauvais tours.
6. mon supplice : ma torture.

JEAN DE LA FONTAINE
(1621-1695)

[Auteur célèbre de son vivant pour ses *Contes* et ses *Fables*, La Fontaine est un moraliste qui cherche à plaire pour instruire. En 1669, outre les six premiers livres de ses *Fables*, il publie un roman en prose et en vers intitulé *Les Amours de Psyché et de Cupidon*. Ce roman est inspiré d'une fable écrite par l'auteur romain Apulée (IIe s. ap. J.-C.). L'extrait relate une chanson entendue par Psyché dans le palais de l'Amour et qui semble composée par Zeus lui-même.]

1   Tout l'Univers obéit à l'Amour ;
    Belle Psyché[1], soumettez-lui votre âme.
    Les autres dieux à ce dieu font la cour,
    Et leur pouvoir est moins doux que sa flamme.
5   Des jeunes cœurs c'est le suprême bien :
    Aimez, aimez ; tout le reste n'est rien.
    Sans cet Amour, tant d'objets ravissants,
    Lambris[2] dorés, bois, jardins, et fontaines,
    N'ont point d'appâts[3] qui ne soient languissants[4],
10 Et leurs plaisirs sont moins doux que ses peines.
    Des jeunes cœurs c'est le suprême bien :
    Aimez, aimez ; tout le reste n'est rien.

Jean de La Fontaine, extrait du livre I,
Les Amours de Psyché et de Cupidon, 1669.

---

1. Psyché : dans la mythologie grecque, princesse d'une grande beauté, élevée au rang de déesse (*cf.* p. 73).

2. lambris : boiseries décoratives sur les murs.
3. appâts : attraits, charmes.
4. languissants : mourants, dépérissants.

La poésie lyrique classique aux XVIIe et XVIIIe siècles

Éloge de l'amour

Questions sur le poème de La Fontaine (p. 47)

AVEZ-VOUS BIEN LU ?

1 Que défend ce poème ?

2 La Fontaine compare le pouvoir de l'Amour à deux autres formes de pouvoir. Lesquelles ?

3 Quel est le refrain ? Quelle est sa fonction dans ce poème ?

ÉTUDIER L'ALLÉGORIE

> **L'allégorie**
>
> Une allégorie est une idée, un sentiment représenté sous la forme d'une personne. Cette pratique, fréquente au Moyen Âge, a pour fonction essentielle d'animer le poème ou le texte, de rendre concrète la présence de cette idée ou de ce sentiment.

4 Quelle est l'allégorie principale de ce poème ? Qu'apporte-t-elle ?

5 Recherchez des images et les attributs du dieu représenté sous forme d'allégorie. Comparez, dans les poèmes de Bernard de Ventadour (p. 21), de Dante Alighieri (p. 27) et d'Honoré d'Urfé (p. 43), les manières dont cette allégorie est utilisée.

L'ÉLOGE

6 Recherchez la définition d'un *éloge* et dites en quoi ce poème en est un.

7 Relevez le champ lexical* de l'éloge.

* champ lexical : ensemble de termes se rapportant à une même notion.

Dire l'amour, de l'Antiquité à nos jours

8 Établissez un parallèle entre ce poème et celui d'Ovide (p. 17). À quoi les deux poètes comparent-ils l'amour ?

À VOS PLUMES !

9 Faites l'éloge d'une qualité morale (courage, générosité…) ou d'un sentiment (joie, tristesse, amitié…) en utilisant le champ lexical de l'éloge et en traitant la qualité sous forme d'allégorie.

JEAN-PIERRE CLARIS DE FLORIAN
(1755-1794)

[Gentilhomme ordinaire à la cour de Louis XVI, Jean-Pierre Claris de Florian se fait connaître avec la comédie à succès *Les Deux Billets*. Élu à l'Académie française en 1788, il reste célèbre pour ses fables. De nombreuses moralités et expressions, comme « Pour vivre heureux, vivons cachés », « Éclairer sa lanterne » ou « Rira bien qui rira le dernier », lui ont survécu. Sa romance la plus célèbre, « *Plaisir d'amour...* », extraite de sa nouvelle « Célestine », a été mise en musique par Jean-Paul-Égide Martini (1741-1816).]

1   Plaisir d'amour ne dure qu'un moment ;
  Chagrin d'amour dure toute la vie.
  J'ai tout quitté pour l'ingrate[1] Sylvie ;
  Elle me quitte et prend un autre amant.
5   Plaisir d'amour ne dure qu'un moment ;
  Chagrin d'amour dure toute la vie.

  Tant que cette eau coulera doucement
  Vers ce ruisseau qui borde la prairie,
  Je t'aimerai, me répétait Sylvie ;
10   L'eau coule encor[2], elle a changé pourtant !
  Plaisir d'amour ne dure qu'un moment ;
  Chagrin d'amour dure toute la vie.

Jean-Pierre Claris de Florian, chanson extraite de
« Célestine, nouvelle espagnole »,
dans *Les Six Nouvelles de M. de Florian*, 1784.

Notes

1. ingrate : qui ne rend pas ce que l'on attendait, infidèle.

2. encor : ancienne orthographe pour *encore*.

Dire l'amour, de l'Antiquité à nos jours

La poésie lyrique au XIXᵉ siècle

MARCELINE DESBORDES-VALMORE (1786-1859)

[Marceline Desbordes-Valmore connaît une succession de malheurs qui lui valent le surnom de « Notre-Dame-des-Pleurs » : ruine de son père après la Révolution française; décès de sa mère après leur exil en Guadeloupe; décès de son frère et de plusieurs de ses enfants... Auteur de poèmes, de nouvelles, de contes pour enfants, elle est une des premières figures de la poésie romantique. L'originalité du rythme (le vers de 11 pieds) et la musicalité de son vers annoncent les poèmes de Verlaine et de Rimbaud.]

Le Serment

1
    Idole[1] de ma vie,
    Mon tourment[2], mon plaisir,
    Dis-moi si ton envie
    S'accorde à mon désir?
5 Comme je t'aime en mes beaux jours,
    Je veux t'aimer toujours.

---

1. Idole : personne intensément admirée, faisant l'objet d'une vénération quasi religieuse.

2. mon tourment : mon supplice, ma torture morale et physique.

Donne-moi l'espérance ;
Je te l'offre en retour.
10   Apprends-moi la constance[1] ;
Je t'apprendrai l'amour.
Comme je t'aime en mes beaux jours,
Je veux t'aimer toujours.

15   Sois d'un cœur qui t'adore
L'unique souvenir ;
Je te promets encore
Ce que j'ai d'avenir.
Comme je t'aime en mes beaux jours,
20   Je veux t'aimer toujours.

Vers ton âme attirée
Par le plus doux transport[2],
Sur ta bouche adorée
25   Laisse-moi dire encor :
Comme je t'aime en mes beaux jours,
Je veux t'aimer toujours.

Marceline Desbordes-Valmore, *Romances*, 1830.

Notes

1. constance : fidélité en amour et en amitié, persévérance et détermination.

2. transport : sentiment passionné.

ALPHONSE DE LAMARTINE
(1790-1869)

[Alphonse de Lamartine est un poète romantique et un homme politique français, qui fut nommé chef du gouvernement provisoire de 1848. Ses *Méditations poétiques* rencontrent un succès considérable lors de leur publication en 1820. Le poème « L'Isolement » évoque la perte de son amante Julie Charles, emportée par une tuberculose un an après leur rencontre, et le « mal de vivre » éprouvé par le poète inconsolable. Cette méditation ouvre le recueil des *Méditations poétiques*.]

L'Isolement

1 Souvent sur la montagne, à l'ombre du vieux chêne,
Au coucher du soleil, tristement je m'assieds ;
Je promène au hasard mes regards sur la plaine,
Dont le tableau changeant se déroule à mes pieds.

5 Ici, gronde le fleuve aux vagues écumantes ;
Il serpente, et s'enfonce en un lointain obscur ;
Là, le lac immobile étend ses eaux dormantes
Où l'étoile du soir se lève dans l'azur.

Au sommet de ces monts couronnés de bois sombres,
10 Le crépuscule encor jette un dernier rayon ;
Et le char vaporeux[1] de la reine des ombres
Monte, et blanchit déjà les bords de l'horizon.

Cependant, s'élançant de la flèche gothique[2],
Un son religieux se répand dans les airs :
15 Le voyageur s'arrête, et la cloche rustique
Aux derniers bruits du jour mêle de saints concerts.

---

1. **vaporeux** : fait de vapeur.

2. **flèche gothique** : pointe d'un clocher taillé à la période gothique.

La poésie lyrique au XIXe siècle

Mais à ces doux tableaux mon âme indifférente
N'éprouve devant eux ni charme ni transports[1];
Je contemple la terre ainsi qu'une ombre errante :
20 Le soleil des vivants n'échauffe plus les morts.

De colline en colline en vain portant ma vue,
Du sud à l'aquilon[2], de l'aurore au couchant,
Je parcours tous les points de l'immense étendue,
Et je dis : Nulle part le bonheur ne m'attend.

25 Que me font ces vallons, ces palais, ces chaumières,
Vains objets dont pour moi le charme est envolé ?
Fleuves, rochers, forêts, solitudes si chères,
Un seul être vous manque, et tout est dépeuplé !

Que le tour du Soleil ou commence ou s'achève,
30 D'un œil indifférent je le suis dans son cours;
En un ciel sombre ou pur qu'il se couche ou se lève,
Qu'importe le Soleil? Je n'attends rien des jours.

Quand je pourrais le suivre en sa vaste carrière[3],
Mes yeux verraient partout le vide et les déserts :
35 Je ne désire rien de tout ce qu'il éclaire;
Je ne demande rien à l'immense univers.

Mais peut-être au-delà des bornes de sa sphère,
Lieux où le vrai Soleil éclaire d'autres cieux,
Si je pouvais laisser ma dépouille à la terre,
40 Ce que j'ai tant rêvé paraîtrait à mes yeux.

Notes

1. **transports** : émois généralement amoureux.

2. **aquilon** : vent froid du Nord.
3. **carrière** : ici, course du Soleil.

Là, je m'enivrerais à la source où j'aspire ;
Là, je retrouverais et l'espoir et l'amour,
Et ce bien idéal que toute âme désire
Et qui n'a pas de nom au terrestre séjour !

45 Que ne puis-je, porté sur le char de l'Aurore[1],
Vague objet de mes vœux, m'élancer jusqu'à toi !
Sur la terre d'exil pourquoi resté-je encore ?
Il n'est rien de commun entre la terre et moi.

Quand la feuille des bois tombe dans la prairie,
50 Le vent du soir se lève et l'arrache aux vallons ;
Et moi, je suis semblable à la feuille flétrie :
Emportez-moi comme elle, orageux aquilons !

Alphonse de Lamartine, «L'Isolement»,
Méditations poétiques, 1820.

Note

1. La déesse romaine Aurora était censée monter sur le char d'Hélios (le Soleil) le matin pour faire se lever le jour.

La poésie lyrique au XIXᵉ siècle | 55

VICTOR HUGO (1802-1885)

[Écrivain engagé, Victor Hugo est la figure intellectuelle majeure du XIXᵉ siècle. Royaliste devenu républicain, il connaît la gloire et l'exil : la gloire dans tous les genres littéraires, l'exil pour avoir critiqué le coup d'État de Napoléon III. *Les Chansons des rues et des bois* sont composées durant son exil à Guernesey. Dans « À la belle impérieuse », la tendresse pour la faiblesse côtoie la menace, les rôles s'inversant entre le poète et la belle.]

À la belle impérieuse[1]

L'amour, panique[2]
De la raison,
Se communique
Par le frisson.

Laissez-moi dire,
N'accordez rien.
Si je soupire,
Chantez, c'est bien.

Si je demeure,
Triste, à vos pieds,
Et si je pleure,
C'est bien, riez.

Un homme semble
Souvent trompeur[3].
Mais si je tremble,
Belle, ayez peur.

Victor Hugo, *Les Chansons des rues et des bois*, 1865.

Notes
1. **impérieuse** : exigeant soumission et obéissance.
2. **panique** : terreur subite troublant l'esprit et le comportement.
3. **trompeur** : menteur, qui cache quelque chose et conduit à l'erreur.

Sous l'emprise amoureuse

Questions sur le poème de Victor Hugo (p. 56)

Avez-vous bien lu ?

1 Quelles émotions contrastées procure ce poème ?

2 Comment qualifier la relation du poète avec sa bien-aimée ?

3 Comment comprenez-vous la dernière strophe ?

Étudier l'expression de la passion amoureuse

4 Relevez les champs lexicaux* de la peur, de l'amour, de la joie, de la tristesse. Montrez la variété d'émotions et l'équilibre fragile sur lequel repose le sentiment amoureux.

> *champs lexicaux :* ensembles de termes se rapportant à des notions précises.

5 À l'aide des champs lexicaux et des mots mis à la rime, dégagez la progression du sentiment amoureux proposée dans ce poème.

6 Quel temps verbal, justifiant le titre du poème, et quelle conjonction sont régulièrement employés pour montrer l'incertitude de la passion ?

La chanson

7 Comment mètre, rimes et sonorités indiquent-ils que ce poème est une chanson ?

8 Comparez ce poème avec le rondeau de Charles d'Orléans (p. 32) et montrez les différences. Quelle phrase indique qu'il s'agit d'une chanson modernisée ?

9 Victor Hugo rend plus vivante sa chanson en adoptant deux niveaux d'expression : l'un dans les strophes 1 et 4 et l'autre dans les strophes 2 et 3. Quels sont ces deux niveaux ? Relevez-en des exemples et dites à qui s'adresse le poète dans chacun des cas.

À VOS PLUMES !

10 En vous inspirant du poème de Victor Hugo et en modifiant son titre « À la belle impérieuse » par un autre trait de caractère (colérique, mélancolique, ironique, joyeuse, aventurière, dédaigneuse…),

> *tétrasyllabes :* vers de 4 syllabes (plutôt rares).

inventez, à votre tour, une chanson en tétrasyllabes* faisant alterner prière et menace, peine, joie et colère.

58 │ *Dire l'amour, de l'Antiquité à nos jours*

GÉRARD DE NERVAL (1808-1855)

[Écrivain romantique à l'univers poétique tourmenté, Gérard de Nerval est notamment connu pour son recueil *Les Filles du feu* (1854), dans lequel figurent huit nouvelles et les douze sonnets des *Chimères*. Le poème « El Desdichado » (« Le Malchanceux » ou « Le Malheureux » en espagnol) est son sonnet le plus célèbre. Gérard de Nerval y mêle mélancolie, mystère, références ésotériques (les chimères étant des monstres fabuleux de la mythologie) et références historiques.]

El Desdichado

1 Je suis le ténébreux[1], – le veuf, – l'inconsolé,
Le Prince d'Aquitaine à la tour abolie[2] :
Ma seule *étoile* est morte, – et mon luth[3] constellé[4]
Porte le *Soleil noir* de la *Mélancolie*[5].

5 Dans la nuit du tombeau, toi qui m'as consolé,
Rends-moi le Pausilippe[6] et la mer d'Italie[7],
La *fleur* qui plaisait tant à mon cœur désolé,
Et la treille[8] où le pampre[9] à la rose s'allie.

1. **ténébreux** : d'humeur sombre et mélancolique, mais aussi mystérieux et échappant à la compréhension.
2. Édouard Plantagenêt (1330-1376), dit « le Prince Noir », fils aîné du roi Édouard II d'Angleterre, fut vainqueur de la bataille de Poitiers pendant la guerre de Cent Ans et devint duc d'Aquitaine. La *« tour abolie »* représente, sans doute, la chevalerie disparue, dans la lignée aristocratique de celle où se place Nerval. Certains y voient une référence à Guillaume, le premier troubadour dont les chansons nous sont parvenues.
3. **luth** : sorte de guitare ancienne très utilisée à la Renaissance. Au sens figuré, cela désigne le talent poétique.
4. **constellé** : parsemé de choses brillantes comme les étoiles du cosmos, plein d'éclats spirituels, intellectuels ou artistiques.
5. *Mélancolie* : état affectif durable de profonde tristesse (la majuscule peut indiquer une référence à un tableau de Dürer).
6. **Pausilippe** : colline de Naples, où le poète Virgile est enterré.
7. **mer d'Italie** : mer Méditerranée.
8. **treille** : tonnelle de treillage sur lequel s'entrelacent des plantes grimpantes, notamment la vigne.
9. **pampre** : rameau de vigne.

La poésie lyrique au XIXe siècle | 59

Suis-je Amour[1] ou Phébus[2]?… Lusignan[3] ou Biron[4]?
10 Mon front est rouge encor du baiser de la reine;
J'ai rêvé dans la grotte[5] où nage la sirène…

Et j'ai deux fois vainqueur traversé l'Achéron[6] :
Modulant tour à tour sur la lyre d'Orphée[7]
Les soupirs de la sainte et les cris de la fée[8].

Gérard de Nerval, *Les Chimères*, 1854.

Notes

1. Amour : allégorie, référence au dieu Amour.
2. Phébus : Apollon dans la mythologie latine.
3. Lusignan : seigneur du Poitou qui fut aimé de la fée Mélusine et dont les descendants devinrent rois de Chypre.
4. Biron : compagnon d'armes d'Henri IV, mort décapité, que Nerval se figure comme le héros d'une histoire d'amour.

5. grotte : grotte des Sirènes, à Tivoli, en Italie.
6. Achéron : fleuve des Enfers.
7. Orphée : poète célèbre de la mythologie grecque, descendu aux Enfers pour y ramener sa bien-aimée Eurydice, et père de l'art poétique.
8. sainte, fée : on peut y voir une dame idéale ou Eurydice chantée par les troubadours et poètes de tous temps.

Dire l'amour, de l'Antiquité à nos jours

PÉTRUS BOREL (1809-1859)

[Tour à tour architecte, dessinateur sans talent, directeur des revues *Satan* et *La Revue pittoresque*, inspecteur de la Colonisation en Algérie, le poète romantique Pétrus Borel mène une existence misérable et tourmentée. Celui qui se surnommait « le Lycanthrope » (le loup-garou) est considéré comme l'un des principaux représentants du courant « frénétique » à l'époque romantique, courant qui se caractérise par une sensibilité extrême et par un désir d'absolu et une incapacité à l'atteindre. Il connaît une gloire posthume grâce aux surréalistes.]

Sur l'amour

1 Hélas! qui nous dira ce que c'est que l'amour?
Pour moi, faible héron[1] aux serres de vautour,
Je me sens emporté dans le gouffre ou la nue[2],
Dans l'antre[3] ténébreux[4] ou sur la plage nue,
5 Je me sens expirer sous son bec assassin,
Qui m'a crevé les yeux ou labouré mon sein,
Et ne sais rien de plus! – J'ai lu mille mémoires
Qui traitent de l'amour; j'ai lu mille grimoires[5]
Très doctes[6] et très secs[7] : je ne sais rien de plus
10 Qu'avant d'avoir veillé sur ces bouquins feuillus[8].
Au diable ces traités! Que le Diable les lise!
Au diable leur peinture et leur sotte analyse!
Analyser l'amour?... Oh! c'est par trop bouffon!
Messieurs les esprits fins, vous vous croyez au fond,
15 – Vous êtes à côté, vous jetez votre sonde[9] :
Comme un brin de sarment[10] elle flotte sur l'onde,

Notes

1. **héron** : oiseau échassier à grand bec.
2. **la nue** : le ciel.
3. **l'antre** : la grotte, la caverne.
4. **ténébreux** : noir, sombre comme les ténèbres.
5. **grimoires** : livres de magie ou de sorcellerie.
6. **doctes** : savants.
7. **secs** : difficiles.
8. **feuillus** : ayant beaucoup de feuilles, donc de pages.
9. **sonde** : instrument de mesure.
10. **sarment** : rameau flexible de la vigne.

Puis vous argumentez[1], puis vous édifiez[2]
Système[3] sur système – et vous bêtifiez[4]!…
L'amour est un secret du Ciel insaisissable[5].
20 Un arcane[6] fermé pour l'homme, infranchissable;
Un mont dont on connaît le pied, non le sommet;
Une implacable[7] loi, tout être s'y soumet;
Abîme souterrain où notre empire cesse,
Où la raison s'égare et l'esprit se confond[8],
25 Dont l'écho ne répond que d'une voix railleuse[9]
À toute question de notre âme orgueilleuse[10].
Messieurs, faites l'amour[11], mais ne l'expliquez pas;
La science, messieurs, ne fait que des faux pas;
Et qui sait ne sait rien! – Votre psychologie[12]
30 N'est, croyez-moi, messieurs, qu'une blanche magie[13]
Qui vous enlève au loin comme un aérostat[14],
Pour du plus haut des airs vous rejeter à plat;
Vous ne pouvez cuber[15] l'âme ni sa puissance,
Ni condenser[16] l'amour, pure et divine essence[17];
35 Laissez vos alambics[18], vos loupes, vos compas :
Messieurs, faites l'amour, mais ne l'expliquez pas!

Notes

1. **argumentez** : démontrez.
2. **édifiez** : construisez.
3. **système** : théorie.
4. **bêtifiez** : devenez bêtes.
5. **insaisissable** : incompréhensible.
6. **Un arcane** : une opération secrète, un secret de fabrication.
7. **implacable** : dure.
8. **se confond** : se perd.
9. **railleuse** : moqueuse.
10. **orgueilleuse** : fière.
11. **faites l'amour** : soyez amoureux.

12. **psychologie** : connaissance de l'esprit et des émotions.
13. **blanche magie** : magie bénéfique par opposition à la magie noire.
14. **aérostat** : véhicule volant, ballon.
15. **cuber** : déterminer le nombre d'unités cubiques contenues dans un volume.
16. **condenser** : extraire par condensation, comme en physique.
17. **essence** : être.
18. **alambics** : instruments de chimiste pour distiller les liquides.

Dire l'amour, de l'Antiquité à nos jours

Chancelant et voûté sous le mal qui me grève[1],
Je côtoyais le fleuve et parcourais la grève[2];
Au soleil printanier je réchauffais la fleur
40 De ma vie, effeuillée au vent de la douleur;
Je secouais mon âme accroupie et froissée
Par ces hivers du cœur, – le doute, la pensée; –
Je m'en allais rêveur, – qui marche sans cela? –
Et mon esprit faisait les phrases que voilà.
45 Je m'en allais, poussé par une ardeur[3] native[4],
Une force indicible[5], une pente[6] instinctive,
Saluer d'un baiser celle qui m'appartient,
Celle qui jusqu'à l'aube en ses bras me retient;
Celle pour qui mon pas est plus doux qu'un théorbe[7],
50 Celle pour qui mon nom est un chant inouï[8],
À qui je dis : Je veux, et qui me répond : – Oui!

Gardez-vous de l'amour : car sa rude[9] exigence
Brise le cœur hautain, la fière intelligence
De l'homme le plus fort; corrompt[10] sa volonté
55 Et le jette pour proie[11] à la débilité[12]
D'une femme, – écrasant sa tête vaniteuse[13],
Jouet des mots dorés[14] d'une bouche menteuse!…
Gardez-vous de l'amour, messieurs, c'est un poignard
Orné de pierreries et parfumé de nard[15];

Notes

1. **me grève** : m'alourdit.
2. **grève** : terrain plat couvert de sable et graviers au bord d'un cours d'eau ou de la mer.
3. **une ardeur** : un enthousiasme.
4. **native** : de naissance.
5. **indicible** : qui ne peut être exprimée par des mots.
6. **une pente** : un mouvement.
7. **théorbe** : sorte de luth, de guitare, utilisé(e) à la Renaissance.
8. **inouï** : jamais entendu auparavant, extraordinaire, surprenant.
9. **rude** : difficile.
10. **corrompt** : détruit.
11. **proie** : victime.
12. **la débilité** : l'extrême faiblesse, l'insuffisance d'une chose.
13. **vaniteuse** : orgueilleuse, prétentieuse.
14. **dorés** : enjolivés, faux, mensongers.
15. **nard** : plante produisant un parfum apprécié.

La poésie lyrique au XIXe siècle | 63

60 Une main implacable[1], invisible, inconnue,
Dans l'ombre en est armée, – et quand une âme est nue,
Ouverte, confiante et, sans fiel[2], sans poison,
Passe, – elle suit sa trace et frappe en trahison.

Pétrus Borel, « Sur l'amour », *Rhapsodies*, 1832.

Notes

1. **implacable** : sans pitié.

2. **sans fiel** : sans malveillance, sans amertume ; le fiel est un liquide amer et verdâtre contenu dans la vésicule biliaire.

L'impossible science de l'amour

Questions sur le poème de Pétrus Borel (pp. 61 à 64)

AVEZ-VOUS BIEN LU ?

1) Pourquoi Pétrus Borel nous met-il en garde contre l'amour ?

2) Quelle progression thématique observe-t-on d'une strophe à l'autre ?

3) Quel champ lexical* inattendu dans un poème sur l'amour domine la première strophe (l. 1 à 36) ?

> *** champ lexical :** ensemble de termes se rapportant à une même notion.

ÉTUDIER LA DÉPLORATION AMOUREUSE

1) Qu'est-ce qui, dans le lexique employé et l'aveu confessé dans la strophe 1, prouve que le poète se croyait capable de dominer le sentiment amoureux mais en est la victime ?

2) Dans la strophe 2 (l. 37 à 51), relevez les marques du lyrisme personnel (*cf.* p. 101). Comment réussissent-elles à donner le sentiment d'une vive souffrance personnelle ?

3) Quels mots et procédés traduisent la déception du poète à la strophe 3 (l. 52 à 63) ?

L'ODE

> **'ode**
>
> L'ode est une forme poétique visant à célébrer un personnage ou un événement, ou à relater un amour perdu, son désespoir face au monde. C'est un genre élevé, équivalent de l'épopée, caractérisé par sa longueur et son élégant désordre voulu par son auteur.

Questionnaire | 65

7 Justifiez, en vous aidant de la composition des strophes, du mètre et de la ponctuation, le fait que l'ode soit associée à un grand genre majestueux de la poésie (vous pouvez l'opposer à la chanson « À la belle impérieuse » de Victor Hugo, p. 56).

8 Relevez, dans un tableau, les marques de ponctuation, les interjections, les temps verbaux et les figures de style employés. Classez-les selon qu'ils évoquent plutôt des tonalités élégiaques* ou des tonalités épiques*.

> ** épiques : propres à l'épopée.*

9 En quoi cette ode exprime-t-elle un élégant désordre ?

À VOS PLUMES !

10 Inspirez-vous de la première strophe pour déplorer, à votre tour, dans des termes passionnés et en usant d'une ponctuation et d'un lexique expressifs et hyperboliques*, un événement douloureux contre lequel vous avez pourtant tout fait pour vous prémunir.

> ** hyperboliques : très exagérés.*

66 | *Dire l'amour, de l'Antiquité à nos jours*

ALFRED DE MUSSET (1810-1857)

[Figure du romantisme français, Alfred de Musset est notamment connu pour son théâtre, dont le drame romantique *Lorenzaccio* est le chef-d'œuvre (1834). Dans sa prose, comme dans sa poésie lyrique, il montre une sensibilité extrême, peignant avec exaltation les caprices de l'amour et les inquiétudes de la jeunesse. Sa passion houleuse avec l'écrivain George Sand et sa propre existence seront une source d'inspiration. Le sonnet que nous publions est une des rares fois où Musset, s'inspirant du poète italien Pétrarque, donne de l'amour une vision optimiste.]

1   Se voir le plus possible et s'aimer seulement,
    Sans ruse et sans détours[1], sans honte ni mensonge,
    Sans qu'un désir nous trompe ou qu'un remords[2] nous ronge,
    Vivre à deux et donner son cœur à tout moment.

5   Respecter sa pensée aussi loin qu'on y plonge,
    Faire de son amour un jour au lieu d'un songe,
    Et dans cette clarté respirer librement, –
    Ainsi respirait Laure[3] et chantait son amant.

    Vous dont chaque pas touche à la grâce[4] suprême,
10 C'est vous, la tête en fleurs, qu'on croirait sans souci,
    C'est vous qui me disiez qu'il faut aimer ainsi.

    Et c'est moi, vieil enfant du doute et du blasphème[5],
    Qui vous écoute, et pense, et vous réponds ceci :
    Oui, l'on vit autrement, mais c'est ainsi qu'on aime.

    Alfred de Musset, *Poésies nouvelles (1836-1852)*, 1852.

Notes

1. **sans détours** : de manière franche.
2. **remords** : reproche adressé à soi-même.
3. **Laure** : muse de Pétrarque dont Musset s'inspire ici.
4. **à la grâce** : au charme.
5. **blasphème** : discours outrageant à l'égard d'un dieu ou d'une religion.

THÉOPHILE GAUTIER
(1811-1872)

[Romancier, poète, critique d'art, Théophile Gautier est une figure littéraire importante du XIXᵉ siècle. Romantique de la première heure, il s'éloigne de ce courant artistique en revendiquant la pratique de « *l'art pour l'art* » : le poème doit être beau par lui-même. Il devient ainsi le précurseur du mouvement du Parnasse. Son sonnet « À deux beaux yeux » illustre sa théorie : les nombreuses allitérations évoquent les thèmes de l'eau, de l'air, du feu, de la terre ; les figures de style (hypallage, métonymie, synecdoque), les connotations, les étymologies (le mot « *charmant* ») lui permettent d'idéaliser la réalité.]

À deux beaux yeux

1   Vous avez un regard singulier[1] et charmant[2] ;
    Comme la lune au fond du lac qui la reflète,
    Votre prunelle[3], où brille une humide paillette,
    Au coin de vos doux yeux roule languissamment[4].

5   Ils semblent avoir pris ses feux au diamant ;
    Ils sont de plus belle eau[5] qu'une perle parfaite,
    Et vos grands cils émus de leur aile inquiète
    Ne voilent qu'à demi leur vif rayonnement.

    Mille petits amours à leur miroir de flamme
10 Se viennent regarder et s'y trouvent plus beaux,
    Et les désirs y vont rallumer leurs flambeaux.

Notes

1. **singulier** : unique.
2. **charmant** : qui relève d'un charme magique.
3. **prunelle** : pupille de l'œil.

4. **languissamment** : de façon très faible physiquement ou psychologiquement.
5. **eau** : éclat d'une perle lié à son velouté et son orient, c'est-à-dire ses reflets de toutes les couleurs.

Dire l'amour, de l'Antiquité à nos jours

Ils sont si transparents qu'ils laissent voir votre âme,
Comme une fleur céleste[1] au calice[2] idéal
Que l'on apercevrait à travers un cristal.

Théophile Gautier, *La Comédie de la mort*, 1838.

Notes

1. **céleste** : du ciel.

2. **calice** : feuilles vertes entourant le bouton de la fleur.

CHARLES BAUDELAIRE (1821-1867)

[Charles Baudelaire n'a publié de son vivant que *Les Fleurs du Mal* et *Les Paradis artificiels*. Poète méconnu au XIXe siècle, il a cependant inspiré Rimbaud, Verlaine et Mallarmé. Romantique souffrant du « spleen » et du « mal du siècle », il a ouvert la voie à la poésie moderne, du symbolisme au surréalisme.]

À une passante

1 La rue assourdissante autour de moi hurlait.
Longue, mince, en grand deuil, douleur majestueuse,
Une femme passa, d'une main fastueuse[1]
Soulevant, balançant le feston[2] et l'ourlet[3] ;

5 Agile et noble, avec sa jambe de statue.
Moi, je buvais, crispé[4] comme un extravagant[5],
Dans son œil, ciel livide[6] où germe[7] l'ouragan,
La douceur qui fascine[8] et le plaisir qui tue.

Un éclair… puis la nuit ! – Fugitive[9] beauté
10 Dont le regard m'a fait soudainement renaître,
Ne te verrai-je plus que dans l'éternité ?

Ailleurs, bien loin d'ici ! trop tard ! *jamais* peut-être !
Car j'ignore où tu fuis, tu ne sais où je vais,
Ô toi que j'eusse aimée, ô toi qui le savais !

Charles Baudelaire, *Les Fleurs du Mal*, édition de 1861.

Notes

1. fastueuse : qui témoigne d'un grand luxe.
2. feston : broderie dont le bord forme des dents arrondies ou pointues.
3. ourlet : repli cousu ou collé en bordure d'un tissu.
4. crispé : aux muscles contractés sous l'effet d'une sensation, d'une émotion ou d'un sentiment.

5. extravagant : qui choque ou surprend par son caractère singulier, déraisonnable.
6. livide : très pâle.
7. germe : qui commence à se développer
8. fascine : exerce une attraction puissante sur quelqu'un, jusqu'à le priver de pensée et de mouvement.
9. Fugitive : qui s'échappe, fuyante.

Dire l'amour, de l'Antiquité à nos jours

PAUL VERLAINE (1844-1896)

[«*Prince des poètes*» sensuel et mystique, qui a célébré *Les Poètes maudits* (1884), Paul Verlaine connaît une vie mouvementée et parfois violente, notamment lors de sa relation scandaleuse mais néanmoins féconde avec le poète Arthur Rimbaud. Sa poésie est musicale, imagée, et il n'hésite pas à recourir au langage oral, comme dans «Mon rêve familier», ou aux vers impairs, contribuant ainsi à renouveler la poésie française à la suite de Baudelaire.]

Mon rêve familier

1 Je fais souvent ce rêve étrange et pénétrant[1]
D'une femme inconnue, et que j'aime, et qui m'aime,
Et qui n'est, chaque fois, ni tout à fait la même
Ni tout à fait une autre, et m'aime et me comprend.

5 Car elle me comprend, et mon cœur transparent
Pour elle seule, hélas! cesse d'être un problème
Pour elle seule, et les moiteurs[2] de mon front blême[3],
Elle seule les sait rafraîchir, en pleurant.

Est-elle brune, blonde ou rousse? – Je l'ignore.
10 Son nom? Je me souviens qu'il est doux et sonore,
Comme ceux des aimés que la Vie exila[4].

Son regard est pareil au regard des statues,
Et, pour sa voix, lointaine, et calme, et grave, elle a
L'inflexion des voix chères qui se sont tues.

Paul Verlaine, *Poèmes saturniens*, 1866.

Notes

1. **pénétrant**: qui procure une vive sensation.
2. **les moiteurs**: la transpiration.
3. **blême**: pâle sous l'effet de la maladie ou de l'émotion.
4. **exila**: condamna à l'exil.

L'amour rêvé

Questions sur le poème de Paul Verlaine (p. 71)

Avez-vous bien lu ?

1 À quoi rêve Paul Verlaine ?

2 Quelles qualités attend-il de la femme rêvée ?

3 Comment le poète se décrit-il dans ce poème ?

Étudier l'expression du rêve

4 Quels mots et procédés indiquent que l'on est dans un récit de rêve ?

5 Faites une recherche sur le poème « Hymne à la beauté » de Charles Baudelaire. Comment expliquer l'image poétique du *« regard des statues »*, le nom et les sons venant des morts aimés (v. 12 à 14) ?

6 Montrez, à l'aide d'exemples, quelle est la tonalité* de ce poème.

> * *tonalité* : impression d'ensemble suscitée par un texte, registre (comique, tragique, pathétique...).

Le sonnet revisité

7 Étudiez la versification* de ce poème : est-elle classique ou modernisée ?

8 Le rôle des rythmes et celui de la voyelle e dans le mètre donnent-ils la sensation d'un alexandrin régulier ou irrégulier ?

9 Quelles répétitions (*cf.* p. 99) rendent ce sonnet particulièrement sonore ?

> * *versification* : techniques de composition des vers (*cf.* pp. 97 à 99).

À VOS PLUMES !

10 Faites le récit d'un rêve, en évoquant la succession des images et des sons, dans un poème en prose qui retranscrit l'univers illogique du rêve.

L'enlèvement de Psyché de Paul Baudry (1828-1886),
plafond de la grande galerie du château de Chantilly.

GERMAIN NOUVEAU (1851-1920)

[Germain Nouveau fréquente les cercles poétiques de son temps, connaît Stéphane Mallarmé et se lie d'amitié avec Arthur Rimbaud et Paul Verlaine. Il mène une vie de bohème, faite de voyages, et souffre de crises de folie mystique. Il compose des poèmes amoureux (*Valentines*...) et des poèmes religieux (*Aux saints*...) mais refuse d'être publié de son vivant. Il a influencé les surréalistes et Louis Aragon.]

Le Baiser

1   N'êtes-vous pas toute petite
Dans votre vaste appartement,
Où comme un oiseau qui palpite[1]
Voltige votre pied normand[2] ?

5   N'est-elle pas toute mignonne,
Blanche dans l'ombre où tu souris,
Votre taille qui s'abandonne,
Parisienne de Paris ?

N'est-il pas à Vous, pleine d'âme,
10 Franc comme on doit l'être, à l'excès,
Votre cœur d'adorable femme,
Nu, comme votre corps français ?

Ne sont-ils pas, à Vous si fière,
Les neiges sous la nuit qui dort
15 Dans leur silence et leur lumière,
Vos magnifiques seins du Nord ?

Notes

1. palpite : s'agite de mouvements plus ou moins réguliers manifestant la vie.
2. pied normand : ancienne unité de mesure, propre à la Normandie ; l'expression peut aussi illustrer la lourdeur terrestre ou désigner la femme aimée comme normande.

N'est-il pas doux, à Vous sans haine
Frémissante aux bruits de l'airain,
Votre ventre d'Européenne,
20 Oui votre ventre européen;

N'est-elle pas semblable au Monde,
Pareille au globe entouré d'air,
Ta croupe[1] terrestre aussi ronde
Que la montagne et que la mer?

25 N'est-il pas infini le râle
De bonheur pur comme le sel,
Dans ta matrice[2] interastrale[3]
Sous ton baiser universel?

Et, par la foi qui me fait vivre
30 Dans ton parfum et dans ton jour,
N'entre-t-elle pas mon âme ivre
En plein, au plein de ton amour?

Germain Nouveau «Le Baiser» (I), *Valentines*, 1885.

Notes

1. croupe : fessiers d'un quadrupède et, en langage familier, d'une femme.
2. ta matrice : ton utérus.

3. interastrale : entre les étoiles, cosmique.

ARTHUR RIMBAUD
(1854-1891)

[Arthur Rimbaud est un génie précoce, dont l'œuvre poétique est achevée à l'âge de 21 ans mais qui est devenue l'une des références littéraires du XIXe siècle. Dans « Sensation », il offre au lecteur un moment de grisante vie de bohème et d'aventures.]

Sensation

1 Par les soirs bleus d'été, j'irai dans les sentiers,
Picoté par les blés, fouler l'herbe menue :
Rêveur, j'en sentirai la fraîcheur à mes pieds.
Je laisserai le vent baigner ma tête nue !

5 Je ne parlerai pas, je ne penserai rien ;
Mais l'amour infini me montera dans l'âme,
Et j'irai loin, bien loin, comme un bohémien[1]
Par la Nature, – heureux comme avec une femme.

Arthur Rimbaud, *Cahier de Douai,* 1870.

Note

1. bohémien : nomade, sans habitation fixe (n'a pas, ici, de sens péjoratif).

Dire l'amour, de l'Antiquité à nos jours

La poésie lyrique au XXe siècle

ANNA DE NOAILLES
(1876-1933)

[La comtesse Anna-Élisabeth de Noailles, poétesse et romancière française d'origine roumaine, tient un salon qui attire l'élite intellectuelle. Couronnée en 1920 par l'Académie française pour son premier recueil de poèmes *Le Cœur innombrable*, elle est la première femme à recevoir la Légion d'honneur. Son lyrisme personnel développe les grands thèmes de l'amour, de la nature et de la mort dans un style naturel et élégant.]

1 Aimer, c'est de ne mentir plus.
   Nulle ruse n'est nécessaire
   Quand le bras chaleureux enserre
   Le corps fuyant qui nous a plu.

5 — Crois à ma voix qui rêve et chante
   Et qui construit ton paradis.
   Saurais-tu que je suis méchante
   Si je ne te l'avais pas dit?

– Faiblement méchante, en pensée,
10   Et pour retrouver par moment
Cette solitude sensée[1]
Que j'ai reniée[2] en t'aimant !

Anna de Noailles, *Poème de l'amour*, 1924.

Notes

1. **sensée** : qui a du bon sens.

2. **reniée** : qui n'est plus sien, à laquelle on a renoncé.

Dire l'amour, de l'Antiquité à nos jours

GUILLAUME APOLLINAIRE
(1880-1918)

[Employé dans une banque pour gagner sa vie, Guillaume Apollinaire rêve d'entrer dans le monde littéraire. Il publie d'abord ses contes et ses poèmes dans des revues, avant de parvenir à les faire éditer en recueils. *Alcools* rassemble des poèmes écrits entre 1898 et 1912, dont l'une des particularités est qu'ils sont rédigés sans aucune ponctuation. Dans le poème « Le Pont Mirabeau », Guillaume Apollinaire évoque ses amours déçues à travers les thèmes du temps et de l'eau.]

Le Pont Mirabeau

1 Sous le pont Mirabeau coule la Seine
        Et nos amours
     Faut-il qu'il m'en souvienne
La joie venait toujours après la peine

5   Vienne la nuit sonne l'heure
        Les jours s'en vont je demeure

Les mains dans les mains restons face à face
        Tandis que sous
    Le pont de nos bras passe
10 Des éternels regards l'onde si lasse

        Vienne la nuit sonne l'heure
        Les jours s'en vont je demeure

L'amour s'en va comme cette eau courante
        L'amour s'en va
15   Comme la vie est lente
Et comme l'Espérance est violente

Vienne la nuit sonne l'heure
Les jours s'en vont je demeure

Passent les jours et passent les semaines
20   Ni temps passé
Ni les amours reviennent
Sous le pont Mirabeau coule la Seine

Vienne la nuit sonne l'heure
Les jours s'en vont je demeure

Guillaume Apollinaire, *Alcools*, 1913.

LA COLOMBE POIGNARDÉE ET LE JET D'EAU

Douces figures poignardées Chères lèvres fleuries
MIA   MAREYE
YETTE   LORIE
ANNIE   et toi   MARIE
où   êtes
vous   ô
jeunes   filles
MAIS
près d'un
jet d'eau qui
pleure et qui prie
cette colombe s'extasie

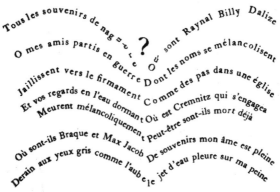

Tous les souvenirs de naguère
Ô mes amis partis en guerre
Jaillissent vers le firmament
Et vos regards en l'eau dormant
Meurent mélancoliquement

Où sont-ils Braque et Max Jacob
Derain aux yeux gris comme l'aube

? Où sont Raynal Billy Dalize
Dont les noms se mélancolisent
Comme des pas dans une église
Où est Cremnitz qui s'engagea
Peut-être sont-ils mort déjà
De souvenirs mon âme est pleine
Le jet d'eau pleure sur ma peine

CEUX QUI SONT PARTIS A LA GUERRE AU NORD SE BATTENT MAINTENANT
Le soir tombe Ô sanglante mer
Jardins où saigne abondamment le laurier rose fleur guerrière

Calligramme de Guillaume Apollinaire.

La fuite du temps

Questions sur le poème de Guillaume Apollinaire (pp. 79-80)

Avez-vous bien lu ?

1 À quoi le poète compare-t-il l'écoulement du fleuve ?

2 Que déplore Guillaume Apollinaire ?

3 Que représente l'image poétique du pont Mirabeau ?

Étudier l'expression de la nostalgie

4 Comment s'exprime l'écoulement de l'eau et de l'amour ?

5 Quelle est la tonalité* dominante ? Quelles expressions le montrent ?

6 Comment le poète est-il représenté ?

Une forme libre

7 En quoi la mise en forme du poème évoque-t-elle le flux de l'eau ?

8 Étudiez la versification* du poème : en quoi peut-elle être dite « libre » ?

9 Un élément orthographique manque, qui rend le texte plus ambigu Quel est-il ? Quel effet produit son absence ?

> ** tonalité :* impression d'ensemble suscitée par un texte, registre (comique, tragique, pathétique...).
>
> ** versification :* techniques de composition des vers (*cf.* pp. 97 à 99).

À vos plumes !

10 Imaginez un poème-calligramme (voir exemple, p. 81) illustran le thème de l'eau que vous associerez à un autre thème : la mort la nature, le passage du temps, le tourment de la passion...

Dire l'amour, de l'Antiquité à nos jours

JULES SUPERVIELLE
(1884-1960)

[Jules Supervielle est un poète, écrivain et homme de théâtre français né en Uruguay, pays vers lequel il effectuera de nombreux voyages toute sa vie. Il fréquente l'avant-garde littéraire parisienne, mais se tient à l'écart des surréalistes, refusant la « dictature » de l'inconscient. Sa poésie montre une attention vigilante aussi bien à l'univers qui l'entoure qu'à son monde intérieur.]

1   C'est vous quand vous êtes partie,
    L'air peu à peu qui se referme
    Mais toujours prêt à se rouvrir
    Dans sa tremblante cicatrice
5   Et c'est mon âme à contre-jour
    Si profondément étourdie
    De ce brusque manque d'amour
    Qu'elle n'en trouve plus sa forme
    Entre la douleur et l'oubli.
10 Et c'est mon cœur mal protégé
    Par un peu de chair et tant d'ombre
    Qui se fait au goût de la tombe
    Dans ce rien de jour étouffé
    Tombant des autres, goutte à goutte,
15 Miel secret de ce qui n'est plus
    Qu'un peu de rêve révolu.

Jules Supervielle, *La Fable du monde*, © Gallimard, 1938.

PAUL ELUARD
(1895-1952)

[Paul Eluard est le pseudonyme d'Eugène Grindel, poète français qui entretient une liaison passionnée avec sa muse et épouse Gala. Il lui dédie *« La courbe de tes yeux… »*, poème évoquant la sérénité amoureuse retrouvée. Avec son ami André Breton, il est une figure essentielle du surréalisme, dont *Capitale de la douleur* est une des œuvres maîtresses.]

1   La courbe de tes yeux fait le tour de mon cœur,
　　Un rond de danse et de douceur,
　　Auréole du temps, berceau nocturne et sûr,
　　Et si je ne sais plus tout ce que j'ai vécu
5   C'est que tes yeux ne m'ont pas toujours vu.

　　Feuilles de jour et mousse de rosée,
　　Roseaux du vent, sourires parfumés,
　　Ailes couvrant le monde de lumière,
　　Bateaux chargés du ciel et de la mer,
10 Chasseurs des bruits et sources des couleurs

　　Parfums éclos d'une couvée d'aurores
　　Qui gît[1] toujours sur la paille des astres,
　　Comme le jour dépend de l'innocence
　　Le monde entier dépend de tes yeux purs
15 Et tout mon sang coule dans leurs regards.

Paul Eluard, *Capitale de la douleur*, © Gallimard, 1926.

Note
1. gît : repose.

Dire l'amour, de l'Antiquité à nos jours

LOUIS ARAGON (1897-1982)

[Poète et romancier surréaliste, Louis Aragon est aussi connu pour son engagement au Parti communiste français et son implication dans la Résistance française. Sa rencontre, en 1928, avec l'écrivain Elsa Triolet est déterminante pour son œuvre, comme en témoignent les recueils *Les Yeux d'Elsa* (1942), *Elsa* (1959) ou *Le Fou d'Elsa* (1963). Ses poèmes ont été interprétés notamment par Jean Ferrat, Léo Ferré ou Georges Brassens. « Vers à danser » célèbre un amour pur et éternel.]

Vers à danser

1 Que ce soit dimanche ou lundi
Soir ou matin minuit midi
Dans l'enfer ou le paradis
Les amours aux amours ressemblent
5 C'était hier que je t'ai dit
    Nous dormirons ensemble

C'était hier et c'est demain
Je n'ai plus que toi de chemin
J'ai mis mon cœur entre tes mains
10 Avec le tien comme il va l'amble[1]
Tout ce qu'il a de temps humain
    Nous dormirons ensemble

Mon amour ce qui fut sera
Le ciel est sur nous comme un drap
15 J'ai refermé sur toi mes bras
Et tant je t'aime que j'en tremble
Aussi longtemps que tu voudras
    Nous dormirons ensemble

Louis Aragon, *Le Fou d'Elsa*, © Gallimard, 1963.

Note

1. amble : allure des quadrupèdes qui posent au sol les deux pattes du même côté à peu près en même temps.

Dormir ensemble

Questions sur le poème de Louis Aragon (p. 85)

AVEZ-VOUS BIEN LU ?

1 Que demande le poète à sa bien-aimée ?

2 À qui s'adresse ce poème ? Qu'est-ce qui le prouve ?

3 Quel rapport au temps est exprimé dans ce poème ?

ÉTUDIER L'EXPRESSION DU BONHEUR AMOUREUX

4 Relevez les champs lexicaux* du temps, de l'amour, du ciel et du sommeil. Quels sont les deux champs les plus développés ? Montrez que l'auteur inscrit ainsi l'amour dans la durée et le mariage.

> ** champs lexicaux : ensembles de termes se rapportant à des notions précises.*
>
> ** tonalité : impression d'ensemble suscitée par un texte, registre (comique, tragique, pathétique...).*

5 Quelle tonalité* se dégage de ce poème ?

6 Relevez les temps verbaux et montrez l'originalité du rapport au temps du poète.

UNE FORME LIBRE

7 À quelle forme poétique se rattache ce poème ? Qu'est-ce qui permet de le comprendre ?

8 À partir de l'étude du schéma rimique (*cf.* p. 99) et du mètre (*cf.* p. 97), montrez la composition originale du poème.

9 En quoi les images poétiques créées par Louis Aragon sont-elles originales ?

86 | *Dire l'amour, de l'Antiquité à nos jours*

À VOS PLUMES !

10 Imaginez une chanson sur une action faite en commun ou partagée qui scellerait une amitié ou un lien, en 3 sizains* ponctués chacun par 1 refrain.

* sizains : strophes de 6 vers.

L'Amour, statue d'Edmé Bouchardon (1698-1762).

ROBERT DESNOS (1900-1945)

[Poète, romancier, journaliste, scénariste, Robert Desnos est connu pour son amour de Paris. Son tempérament rebelle le conduit rapidement vers le surréalisme. Il vit un amour douloureux (car non partagé) pour la vedette de music-hall Yvonne George, qui lui inspire des poèmes, dont « À la mystérieuse ». Résistant durant la Seconde Guerre mondiale, il meurt après sa déportation dans un camp en Tchécoslovaquie.]

J'ai tant rêvé de toi

1 J'ai tant rêvé de toi que tu perds ta réalité.
Est-il encore temps d'atteindre ce corps vivant et de baiser sur cette bouche la naissance de la voix qui m'est chère ?
J'ai tant rêvé de toi que mes bras habitués en étreignant ton
5 ombre à se croiser sur ma poitrine ne se plieraient pas au contour de ton corps, peut-être.
Et que, devant l'apparence réelle de ce qui me hante et me gouverne depuis des jours et des années, je deviendrais une ombre sans doute.
10 Ô balances sentimentales.
J'ai tant rêvé de toi qu'il n'est plus temps sans doute que je m'éveille. Je dors debout, le corps exposé à toutes les apparences[1] de la vie et de l'amour et toi, la seule qui compte aujourd'hui pour moi, je pourrais moins toucher ton front et tes lèvres que
15 les premières lèvres et le premier front venus.
J'ai tant rêvé de toi, tant marché, parlé, couché avec ton fantôme qu'il ne me reste plus peut-être, et pourtant, qu'à être fantôme parmi les fantômes et plus ombre cent fois que l'ombre qui se promène et se promènera allègrement sur le cadran solaire de ta vie.

Robert Desnos, «J'ai tant rêvé de toi», recueilli dans
«À la mystérieuse», *Corps et biens*, © Gallimard, 1930.

Note
1. les apparences : surface des choses, superficialité, par opposition à *profondeur*, essentiel d'une chose.

Dire l'amour, de l'Antiquité à nos jours

JACQUES PRÉVERT
(1900-1977)

[Surréaliste à ses débuts, mais trop indépendant, Jacques Prévert quitte ce mouvement dès 1930. Célèbre pour ses scénarios et dialogues de films (*Le Quai des brumes*, *Les Enfants du paradis*...), il connaît également le succès avec le recueil de poèmes *Paroles* (1946). Son langage familier et ses jeux sur les mots et les sonorités, mais aussi la tendresse de certains de ses poèmes font de lui un poète toujours populaire.]

Pour toi mon amour

Je suis allé au marché aux oiseaux
Et j'ai acheté des oiseaux
Pour toi
mon amour
Je suis allé au marché aux fleurs
Et j'ai acheté des fleurs
Pour toi
mon amour
Je suis allé au marché à la ferraille
Et j'ai acheté des chaînes
De lourdes chaînes
Pour toi
mon amour
Et puis je suis allé au marché aux esclaves
Et je t'ai cherchée
Mais je ne t'ai pas trouvée
mon amour.

Jacques Prévert, *Paroles*, © Gallimard, 1946.

LOUISE DE VILMORIN
(1902-1969)

[Louise de Vilmorin est une femme de lettres française issue de la noblesse. D'abord fiancée à Antoine de Saint-Exupéry, elle se marie, en 1925, avec un Américain et s'installe à Las Vegas. Revenue en France après son divorce, elle publie son premier roman, *Sainte-Unefois* (1934) sur les encouragements d'André Malraux. Dans « Passionnément », la poétesse joue, comme à son habitude, avec le langage, décrivant son sentiment comme on effeuille une marguerite.]

Passionnément

1 Je l'aime un peu, beaucoup, passionnément,
Un peu c'est rare et beaucoup tout le temps.
Passionnément est dans tout mouvement :
Il est caché sous cet : *un peu*, bien sage
5 Et dans : *beaucoup* il bat sous mon corsage[1].
Passionnément ne dort pas davantage
Que mon amour aux pieds de mon amant
Et que ma lèvre en baisant son visage.

Louise de Vilmorin, *L'Alphabet des aveux*, © Gallimard, 1954

Note

1. **corsage** : vêtement féminin habillant le buste, généralement le haut d'une robe.

Dire l'amour, de l'Antiquité à nos jours

JEAN GENET
(1910-1986)

[Né de père inconnu et abandonné par sa mère, l'écrivain, poète et auteur dramatique Jean Genet est élevé à l'Assistance publique. Il découvre très tôt son homosexualité et son goût pour le vol qui influencent sa production littéraire et sa vie, ponctuée par des séjours en prison. « Le Condamné à mort », qui célèbre l'amour jusque dans la mort, est son premier texte publié.]

1   [...]
Amour viens sur ma bouche! Amour ouvre tes portes!
Traverse les couloirs, descends, marche léger,
Vole dans l'escalier plus souple qu'un berger,
5   Plus soutenu par l'air qu'un vol de feuilles mortes.

Ô traverse les murs; s'il le faut, marche au bord
Des toits, des océans; couvre-toi de lumière,
Use de la menace, use de la prière,
Mais viens, ô ma frégate[1], une heure avant ma mort.

Jean Genet, «Le Condamné à mort» (extrait, 1942),
dans *Le Condamné à mort et autres poèmes*, © Gallimard, 1999.

Note

1. frégate : bateau militaire à voiles; placé en éclaireur, il ouvrait la voie aux autres bâtiments et servait aussi à protéger des convois.

La poésie lyrique au XXᵉ siècle

Enluminure représentant Tristan et Iseult, extraite du *Roman de la Poire* (XIIIe siècle) de Thibaut, poème inspiré du *Roman de la Rose*.

Retour sur l'œuvre

Activités autour de notre anthologie

1 Reliez chaque poème à sa forme poétique.

Tibulle, « Le Joug de l'amour » •

Le Cantique des cantiques •

Marie de France, « Lai du chèvrefeuille » •

Guillaume de Lorris, *Le Roman de la Rose* •

Dante Alighieri, *La Vie nouvelle* •

Charles d'Orléans, « *Ma seule amour,
ma joie et ma maîtresse* » •

Gérard de Nerval, « El Desdichado » •

La Fontaine, *Les Amours
de Psyché et de Cupidon* •

Bernard de Ventadour, « *Amour,
qu'est-ce qu'il vous paraît* » •

Pétrus Borel, « Sur l'amour » •

Théophile de Viau, « À Cloris » •

Apollinaire, « Le Pont Mirabeau » •

• rondeau
• éloge
• forme libre
• stances
• chanson
• élégie
• ode
• lai
• prosimètre
• sonnet
• poème narratif
• verset

2 Les affirmations suivantes sont-elles vraies ou fausses ?

a) Ovide est le précurseur du genre de l'élégie.　❏ Vrai　❏ Faux

b) Pétrarque est un poète latin antique, qui a
influencé les poètes de la Pléiade.　❏ Vrai　❏ Faux

c) La poésie des troubadours apparaît à la fin
du XIe siècle.　❏ Vrai　❏ Faux

d) Lamartine, Théophile Gautier et Musset sont
des poètes romantiques.　❏ Vrai　❏ Faux

e) Arthur Rimbaud était surnommé « *Prince des
poètes* » par Paul Verlaine.　❏ Vrai　❏ Faux

f) « *La courbe de tes yeux...* » de Paul Eluard est
dédié à Elsa Triolet.　❏ Vrai　❏ Faux

Questionnaire | 93

❸ Complétez ces mots croisés à l'aide des définitions.

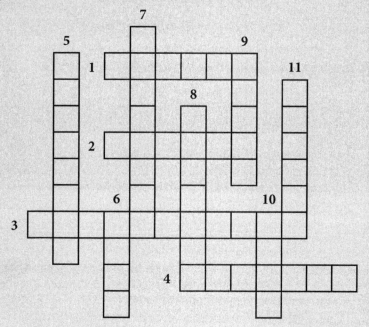

Horizontalement
1. Poétesse nostalgique de l'Antiquité.
2. Poète surréaliste qui fait l'éloge de la beauté féminine.
3. Nom du poète qui pleure l'abandon au XXe siècle.
4. Il fait l'éloge des sensations fortes et du bonheur.

Verticalement
5. Chant religieux dans l'Antiquité.
6. Aragon était fou d'elle et de ses yeux.
7. Qualifie le rêve d'un poète du XIXe siècle.
8. Nom du poète qui illustre le thème de la nature au XIXe siècle en faisant un éloge à la beauté féminine.
9. Sa déclaration illustre la mythologie dans l'Antiquité.
10. Une amoureuse brûlant de passion au XVIe siècle.
11. Ronsard lui a composé des sonnets.

Dire l'amour, de l'Antiquité à nos jours

Dossier Bibliocollège

Dire l'amour,
de l'Antiquité à nos jours

1 Brève histoire de la poésie lyrique 96

2 Rappel des règles de versification
• **Les types de vers** 97
• **Les types de strophes** 98
• **Les types de rimes** 99

3 Registres et marques lyriques 100

4 Les principales formes poétiques
• **Les formes antiques** 102
• **Les formes médiévales** 103
• **Les formes de la Renaissance
et les formes modernes** 104

5 Genre : Le lyrisme à travers les siècles 105

6 Groupement de textes :
La passion au théâtre et dans le roman 109

7 Lecture d'images et histoire des Arts 118

8 Et par ailleurs… 124

1 Brève histoire de la poésie lyrique

Antiquité
Les fragments de la poétesse grecque **Sappho** (630-580 av. J.-C.) et *Le Cantique des cantiques* sont parmi les premières œuvres connues. Suivront, jusqu'au Ier siècle ap. J.-C., les poètes gréco-latins.

XVe siècle
La poésie lyrique évolue autant dans le contenu que dans la forme et connaît un **regain d'intérêt** au XVe siècle avec les ballades et rondeaux du prince Charles d'Orléans.

DE L'ANTIQUITÉ À NOS JOURS

XVIe siècle
À la Renaissance, les poètes de la **Pléiade**, à la suite des poètes italiens Dante et Pétrarque, qui popularisent le **sonnet**, vont porter la poésie à un niveau d'excellence expressive et technique.

XXe siècle
Les poètes poursuivent, avec le **surréalisme**, cette déconstruction des formes traditionnelles créées depuis l'Antiquité.

XIXe siècle
Le mouvement **romantique** est une nouvelle apothéose : les anciennes formes sont revisitées. On cherche à mieux connaître le « Moi » du poète.

XVIIe-XVIIIe siècles
Les poètes **classiques** des XVIIe et XVIIIe siècles cultivent le goût pour une langue variée, fleurie, spirituelle et précise, mais **sans inventions majeures**.

Dire l'amour, de l'Antiquité à nos jours

2) Rappel des règles de versification

Définitions

Un **vers** commence par une majuscule et finit par une rime et un retour à la ligne. Le **mètre** est le nombre de syllabes du vers. Pour calculer ce nombre, il faut supprimer le *e* en fin de vers et en fin de mot si le mot suivant commence par une voyelle ; il faut savoir aussi que deux voyelles successives peuvent être prononcées en 2 syllabes (*li-on* est une **diérèse**) ou en une seule (*miel* est une **synérèse**).

Les différentes longueurs

Toutes les longueurs de vers sont possibles, du monosyllabe au vers de plus de 12 syllabes. Les mètres les plus utilisés sont : l'**octosyllabe** (8 syllabes), vers le plus long sans pause (appelée « césure ») au milieu (« hémistiche ») du vers ; le **décasyllabe** (10 syllabes) ; l'**alexandrin** (12 syllabes).

LES TYPES DE VERS

L'alexandrin

L'alexandrin est un **vers de 12 syllabes**, dont le nom vient du poème *Roman d'Alexandre* daté du XIIIe siècle. Son rythme peut être **binaire** (césure à la moitié du vers) **ou ternaire** (3 coupes, souvent ponctuées, créant 3 mesures de 4 syllabes).

Vers brefs et vers impairs

Les vers inférieurs à 7 syllabes, brefs et rythmés, sont rares et conviennent surtout à la chanson. L'**heptasyllabe** (7 syllabes) et l'**ennéasyllabe** (9 syllabes), vers impairs, créent un déséquilibre ou un rythme sautillant.

Dossier Bibliocollège | 97

RAPPEL DES RÈGLES DE VERSIFICATION

Définition

Les strophes sont des **groupements de vers** de différentes tailles. Un poème peut contenir une ou plusieurs strophes.

Les principaux types

Les types de strophes essentiels sont le **distique** (2 vers), le **tercet** (3 vers), le **quatrain** (4 vers), le **quintil** (5 vers), le **sizain** (6 vers), le **huitain** (8 vers), le **dizain** (10 vers) et le **douzain** (12 vers).

LES TYPES DE STROPHES

Une unité de sens

Une strophe représente une unité de sens. Les **thèmes évoluent** d'une strophe à l'autre **ou s'opposent** de façon variée. Comme les rimes (voir ci-contre), les strophes peuvent être plates, croisées ou embrassées.

Enjambement, rejet et contre-rejet

Théoriquement, une phrase grammaticale s'arrête à la fin du vers. Quand elle ne s'arrête qu'à la césure ou à la fin du vers suivant, on parle d'« **enjambement** ». Lorsqu'un mot (ou deux) de la phrase grammaticale est placé au début du vers suivant, on parle de « **rejet** » ; et lorsqu'il est placé au début du vers qui précède, on parle de « **contre-rejet** ».

Dire l'amour, de l'Antiquité à nos jours

RAPPEL DES RÈGLES DE VERSIFICATION

Disposition des rimes

L'ordre des rimes dans la strophe peut former un motif pour exprimer quelque chose : c'est le **schéma rimique**.
Les **rimes plates** se suivent selon le schéma AABB (les vers 1 et 2 riment ensemble, les vers 3 et 4 riment ensemble).
Les **rimes croisées** alternent 2 par 2 (ABAB).
Les **rimes** sont **embrassées** lorsque les rimes A encadrent les rimes B (ABBA).

Définition

Une rime est la présence d'une même **sonorité** à la fin de deux ou plusieurs vers.
Les rimes peuvent être **féminines** (se terminant par un *e* muet) ou **masculines** (tous les autres sons). Dans la poésie classique, les rimes masculines et féminines sont obligatoirement **alternées**.

LES TYPES DE RIMES

Qualité des rimes

La rime a différentes qualités : une rime est **pauvre** lorsque seul le dernier son ou la dernière voyelle rime ; elle est **suffisante** lorsque les mots qui riment ont deux sons en commun ; elle est **riche** lorsqu'ils ont au moins trois sons en commun.

Assonances et allitérations

On trouve, à l'intérieur des rimes, des échos sonores créés par des **assonances**, c'est-à-dire la répétition d'une même voyelle (ou groupe de voyelles), ou des **allitérations**, c'est-à-dire la répétition d'une même consonne (ou groupe de consonnes).

Dossier Bibliocollège | 99

3) Registres et marques lyriques

Le registre du bonheur

Le registre lyrique du bonheur exprime des **sentiments positifs** de joie, d'amour partagé, de désir, de sensations agréables, d'admiration devant la nature ou la beauté d'une femme, ou de dévotion devant le divin à l'aide de **champs lexicaux** liés à l'espoir, au bonheur, au plaisir, etc.

DES REGISTRES (OU TONS) LYRIQUES

Les registres de la tristesse

Le registre lyrique de la tristesse exprime un **sentiment désagréable ou d'insatisfaction**, et un besoin d'évasion, de sensation.
Le **ton mélancolique** traduit une humeur sombre et abattue souvent accompagnée d'une rêverie contemplative tournée vers le passé.
Le **ton nostalgique** traduit le manque aigu du pays natal, d'une situation passée, d'une personne aimée, d'un état de bonheur enfui.
Le **ton élégiaque**, dérivé du nom *élégie* (poème lyrique exprimant un deuil ou un amour malheureux), est un ton plaintif déplorant la disparition de l'amour par la mort ou la séparation. Le ton élégiaque est souvent très touchant pour les sentiments profonds qu'il dévoile, suscitant la pitié ou la compassion du lecteur.

REGISTRES ET MARQUES LYRIQUES

Thèmes et lexiques

Les thèmes lyriques les plus fréquents sont : l'amour heureux ou malheureux, la mort, la nostalgie, la fuite du temps, la nature, le destin, le sacré. Les lexiques les plus utilisés sont ceux de la **subjectivité**, des **émotions**, des **sentiments**, qu'on retrouve dans les champs lexicaux de l'amour, de la pensée, de la volonté, de la foi, de la prière, de la passion.

1re personne du singulier

Le plus souvent, le poète exprime une **intimité**, une sensibilité personnelle, et dit « je ». Quand ce n'est pas le cas, il tisse toujours une relation étroite avec la personne qu'il cite sur un **ton de confidence** et d'intimité.

DES MARQUES STYLISTIQUES

L'apostrophe

Cette figure de style permet d'**interpeller** quelqu'un (ou quelque chose que l'on personnifie), de s'adresser à un destinataire présent ou absent. Comme elle sert à **exprimer une vive émotion**, elle est souvent accompagnée d'un point d'exclamation, de l'interjection ô et/ou du mode impératif.

L'invocation

L'emploi de l'**interjection** ô exprime une prière, interpelle un dieu ou une femme aimée de manière à capter l'attention.

Dossier Bibliocollège | 101

4 Les principales formes poétiques

L'hymne

L'hymne est d'abord un **chant** à la gloire d'un dieu ou d'un héros lors d'un rituel religieux. Peu à peu, il s'élargit pour vanter les mérites d'un personnage, d'une grande idée, d'un grand sentiment… C'est un poème généralement long.

L'élégie

Apparue chez les Grecs, l'élégie qualifie **tout poème** dont les strophes sont composées de 2 vers, le premier étant un hexamètre (6 mesures) et le second un pentamètre (5 mesures). Elle désigne ensuite un **poème lyrique**, généralement triste et plaintif, traitant d'un amour déçu ou de la perte d'un amour.

LES FORMES ANTIQUES

L'ode

L'ode est la **forme poétique par excellence de la poésie lyrique**. Divisée en strophes de même longueur et composée de vers courts, elle était destinée à être chantée et mise en musique pour célébrer de grands événements et de hauts personnages ou pour exprimer des sentiments plus intimes.

Le verset

Le verset est un **court paragraphe numéroté** subdivisant chacun des chapitres de la Bible, du Coran ou de tout livre sacré. Chaque verset a un sens complet et une certaine unité de rythme.

Dire l'amour, de l'Antiquité à nos jours

LES PRINCIPALES FORMES POÉTIQUES

La chanson

La chanson est un poème qui n'est pas forcément destiné à être chanté. Il se compose de **couplets égaux** séparés par le même vers ou la même strophe (refrain). Ce refrain rythme, structure le poème et en donne le sens essentiel.

Le lai

Le lai figure parmi les **plus anciennes formes de la poésie française**. D'abord narratif, il devient plus lyrique. À l'origine écrit en octosyllabes, on en précise les règles au XIVe siècle : il se divise alors en huitains (stances [strophes] de 8 vers) à rimes embrassées. Le nombre de stances n'est pas fixe.

LES FORMES MÉDIÉVALES

La ballade

Chanson lyrique, la ballade est, à partir du XIVe siècle, un poème à **forme fixe**. Elle se compose de 3 strophes, terminées par le même refrain, et s'achève sur un envoi, c'est-à-dire une demi-strophe.

Le rondeau

Le rondeau est une **forme fixe** de la poésie française. Le poème se compose de 2 ou 3 strophes et est mis généralement en musique. Les premiers vers se répètent à la fin et forment un refrain.

Dossier Bibliocollège | 103

LES PRINCIPALES FORMES POÉTIQUES

Le sonnet

Le sonnet, venu d'Italie, est un poème composé de 2 quatrains et de 2 tercets, soit 14 vers. Il séduit par ses sonorités, sa symétrie, ses contrastes. Dans un **sonnet régulier**, les 2 quatrains s'opposent aux 2 tercets par la forme et le sens. Le dernier vers, la « pointe », synthétise la visée du poème ou crée un effet inattendu. Chaque mot ne doit être employé qu'une fois, et le genre de la première rime (masculin ou féminin) doit être opposé à celui de la dernière. Un sonnet ne respectant pas ces règles est **irrégulier**.

LES FORMES DE LA RENAISSANCE

L'éloge

L'éloge est un texte (discours, poème) écrit ou prononcé **en l'honneur** de quelqu'un ou de quelque chose.

Les stances

Le mot *stances* est synonyme de « **strophes** ». Il désigne aussi un poème d'inspiration religieuse, élégiaque ou philosophique, formé de **strophes de structure identique**.

LES FORMES MODERNES

Les formes libres

Au XIXe et au XXe siècle, le vers et le poème libres **transgressent une ou plusieurs règles de la versification** : pas de majuscule, de mètre récurrent, de rimes, de strophes, de ponctuation régulière et/ou d'échos sonores. Le but est de libérer le vers des règles trop contraignantes de la métrique.

Dire l'amour, de l'Antiquité à nos jours

5) Le lyrisme à travers les siècles

L'adjectif *lyrique* apparaît au XVe siècle et prend de l'importance au XVIe en opposition aux poésies épique, satirique, didactique et engagée, mais le nom *lyrisme* n'apparaît qu'en 1829 sous la plume d'Alfred de Vigny. Son origine provient de la lyre qui accompagnait les chants dans l'Antiquité. Symbole d'unité et d'harmonie, cet instrument de musique est l'attribut d'Apollon. Il représente la paix dans le mythe d'Orphée.

Hermès emportant la lyre d'Apollon.

– Définition du lyrisme

Un jeu poétique entre *je*, *tu* et *nous*

Le lyrisme est une manière d'exprimer les sentiments personnels d'un poète, qui parle, le plus souvent, à la 1re personne du singulier. Il s'épanouit dans la société occidentale qui valorise l'individu, la liberté d'expression et les passions.

> **À RETENIR**
> La poésie lyrique exprime des sentiments personnels et universels à la 1re personne.

Ce *je* n'est toutefois pas seulement personnel : le poète « exprime » aussi une sensibilité collective pour toucher le lecteur ou l'auditeur. Le lyrisme est donc **porte-parole** de toutes les tonalités de la vie affective (joie, tristesse, révolte, mélancolie, enthousiasme), et ses **thèmes majeurs** sont le temps, la mort, l'amour et la nature.

Le poète joue parfois avec d'autres pronoms : *nous*, *il* et même un *je* impersonnel, comme Baudelaire (« *Je suis un cimetière* », « *Je suis un vieux boudoir* », *Spleen II*, 1867). En outre, l'expression lyrique est souvent centrée sur **un destinataire**, un *tu*, comme dans les poèmes d'amour adressés à l'aimée, ce qui crée une relation intime entre le poète et le lecteur.

Dossier Bibliocollège | 105

LE LYRISME À TRAVERS LES SIÈCLES

Le mythe d'Orphée

Orphée est un héros de la mythologie grecque. Poète et musicien inspiré, il obtint, grâce à la beauté de son chant, la permission des dieux
de descendre aux Enfers pour ramener, dans le monde des vivants, sa
femme Eurydice.

➡ **Un jeu poétique entre codes et libertés**

La fonction **poétique** du lyrisme consiste à **travailler
sur les mots** et à créer une parole musicale grâce
à la versification, aux assonances et allitérations,
aux sonorités des mots, au rythme, à la longueur
de la phrase et du vers, à la ponctuation expressive
exclamative.

> **À RETENIR**
> La musicalité
> des mots
> et l'image
> poétique sont
> essentielles.

Le lyrisme est aussi un travail sur l'**image poétique** comme les motifs
du lac, du fleuve, de la rose, de l'étoile ou de l'oiseau qui expriment
des émotions en visant un idéal de beauté codifié associé à la nature.
La comparaison et la métaphore sont les moyens privilégiés de création d'images poétiques.

Le **vers octosyllabique** et la forme du **sonnet** ont longtemps été
considérés comme les formes les plus abouties et expressives mélo-
diquement du lyrisme poétique. Mais d'autres formes poétiques
codifiées sont fréquemment employées comme l'élégie, l'ode,
l'hymne, la ballade, le rondeau (*cf.* p. 102 à 104). À l'inverse, d'autres
formes veulent épouser librement les **« voix intérieures »** du poète,
son « Moi », comme le poème en vers libres ou en prose.

II – Un genre qui évolue dans l'histoire

➡ **Origine gréco-latine : un chant collectif**

Le lyrisme grec consiste en chants choraux, en
prières, en hymnes religieux. Ils célèbrent dieux,
héros et événements marquants en exprimant

> **À RETENIR**
> D'origine gréco-
> latine, le lyrisme
> se développe
> surtout en
> Occident.

---

106 | *Dire l'amour, de l'Antiquité à nos jours*

LE LYRISME À TRAVERS LES SIÈCLES

valeurs morales et sentiments de la collectivité. La poésie antique favorise l'élégie, l'hymne et l'ode.

La chanson médiévale : un lyrisme codifié pour parler de soi

Trouvères et troubadours du Moyen Âge associent musique et danse pour chanter sur les places publiques ou devant des seigneurs. Le lyrisme est alors codifié par un idéal de courtoisie. Il s'éloigne des stéréotypes attachés à ce genre à partir de la seconde moitié du XIIIe siècle. Le Moyen Âge invente chansons de toile, aubes, lais, rondeaux, ballades, sérénades…

La Pléiade : une inspiration plus familière

Durant la Renaissance, la poésie multiplie ses sources d'inspiration et ses formes par la relecture des poètes de l'Antiquité. Les poètes sont aussi influencés par la littérature italienne, l'humanisme et l'enthousiasme de cette période de transformation et de renouvellement. Ceux de la Pléiade célèbrent *« l'heureuse félicité de la vie »* et les correspondances entre beauté naturelle et beauté de la femme aimée. Ils réinventent la forme du sonnet à partir des sonnets du poète italien Pétrarque.

Le romantisme : l'émancipation de la poésie lyrique

Le XIXe siècle intègre des idées et des valeurs de la Révolution française : individualisme, sensibilité, liberté. Le poète redécouvre ses pouvoirs et émancipe son écriture des conventions du bon goût classique : dislocation de l'alexandrin, mélange des genres, vocabulaire familier, élargissement des sources d'inspiration au Moyen Âge et à la

> **À RETENIR**
> Au fil des siècles, le lyrisme devient plus personnel et se libère dans son expression.

Renaissance. Le lyrisme romantique chante le « Moi » du poète, mais aussi la nature et le sort de l'humain.

La modernité : une libération

À partir du milieu du XIXe siècle, la poésie lyrique fait son autocritique et met l'accent sur la beauté de la forme. Les parnassiens rejettent

Dossier Bibliocollège | 107

LE LYRISME À TRAVERS LES SIÈCLES

l'expression excessive des sentiments du romantisme au profit du travail de l'écriture elle-même (ce que Théophile Gautier appelle *« l'art pour l'art »*). Les symbolistes veulent exprimer par des images, des symboles, la musicalité des vers, ce qu'ils ressentent des choses et non plus seulement les décrire de manière réaliste.

Le début du XXᵉ siècle célèbre les innovations du monde moderne. Les surréalistes défendent une création lyrique obéissant à l'inconscient. Le lyrisme met désormais l'accent sur la libération poétique et la poésie varie entre formes traditionnelles et innovations : vers libres, poèmes en prose, acrostiches, calligrammes…

Les fonctions du poète lyrique

• Dans l'**Antiquité**, le poète est engagé dans la vie communautaire et jouit d'un grand prestige. Il est un porte-parole et un guide spirituel.

• Au **Moyen Âge**, il divertit l'élite oisive des seigneurs, mais il est aussi un éducateur lorsqu'il transmet, dans une société encore guerrière, les codes de l'amour courtois ou de l'honneur chevaleresque.

• Au **XIXᵉ siècle**, il devient un poète maudit, souvent pauvre. Victor Hugo lutte contre cette image en proposant la vision d'un poète prophète ou porte-parole du peuple.

• **De nos jours**, le rôle du poète lyrique dans la société est considéré comme négligeable, bien que, à l'occasion d'événements majeurs, il retrouve son rôle de témoin.

Dire l'amour, de l'Antiquité à nos jours

6) La passion au théâtre et dans le roman

Parmi les motifs littéraires traditionnels, celui du duo amoureux fusionnel est l'un des plus fréquents. Certains couples de la littérature, tels que Tristan et Iseult, Roméo et Juliette, Cyrano de Bergerac et Roxane ou Solal et Ariane, ont laissé une empreinte si profonde qu'ils sont devenus des modèles de la passion amoureuse. Par leur passion et leurs actes, certains personnages sont devenus de véritables mythes revisités ou adaptés, à travers les siècles, au théâtre, à l'opéra, au cinéma et en chansons. Ainsi, on retrouve, dans *Cyrano de Bergerac* (1897) d'Edmond Rostand, la scène du balcon qui avait fait le succès de *Roméo et Juliette* de William Shakespeare au XVIe siècle, ainsi que le motif de l'amour impossible. De même, le destin tragique de Tristan et Iseult, couple mythique du Moyen Âge, se rejoue dans *Belle du Seigneur* (1968) d'Albert Cohen, au travers des personnages de Solal et Ariane. Retrouvez ici des moments-clés de ces passions, qui vous montreront que le lyrisme amoureux s'exprime aussi bien au théâtre et dans le roman qu'en poésie.

Dossier Bibliocollège

GROUPEMENT DE TEXTES

1 *Tristan et Iseult*

Iseult est promise au roi Marc, l'oncle de Tristan. Alors que le cheva-lier Tristan ramène Iseult d'Irlande en bateau, un imprévu va sceller leur amour pour l'éternité. Cette légende celtique, écrite par des poètes normands anonymes, puis partiellement par Béroul et Thomas d'Angleterre au XIIe siècle, a été reconstituée par Joseph Bédier en 1900.

Un jour, les vents tombèrent, et les voiles pendaient dégon-flées le long du mât. Tristan fit atterrir dans une île, et, lassés de la mer, les cent chevaliers de Cornouailles et les mariniers descendirent au rivage. Seule Iseult était demeurée sur la nef[1], et une petite servante. Tristan vint vers la reine et tâchait de calmer son cœur. Comme le soleil brûlait et qu'ils avaient soif, ils demandèrent à boire. L'enfant chercha quelque breuvage tant qu'elle découvrit le coutret[2] confié à Brangien[3] par la mère d'Iseult. «J'ai trouvé du vin!» leur cria-t-elle. Non, ce n'était pas du vin : c'était la passion, c'était l'âpre[4] joie et l'angoisse sans fin, et la mort. L'enfant remplit un hanap[5] et le présenta à sa maîtresse. Elle but à longs traits, puis le tendit à Tristan, qui le vida.

À cet instant, Brangien entra et les vit qui se regardaient en silence, comme égarés et comme ravis. Elle vit devant eux le vase presque vide et le hanap. Elle prit le vase, courut à la poupe[6], le lança dans les vagues et gémit :

«Malheureuse! maudit soit le jour où je suis née et maudit le jour où je suis montée sur cette nef! Iseult, amie, et vous, Tristan, c'est votre mort que vous avez bue!»

Notes

1. **la nef** : le navire.
2. **coutret** : petit baril de vin.
3. **Brangien** : servante d'Iseult qui avait pour mission de faire boire le philtre d'amour à Iseult et au roi Marc.
4. **l'âpre** : la forte, l'extrême.
5. **hanap** : vase à pied pour boire.
6. **la poupe** : l'arrière d'un bateau.

Dire l'amour, de l'Antiquité à nos jours

LA PASSION AU THÉÂTRE ET DANS LE ROMAN

De nouveau, la nef cinglait vers Tintagel[1]. Il semblait à Tristan qu'une ronce vivace, aux épines aiguës, aux fleurs odorantes, poussait ses racines dans le sang de son cœur et par de forts liens enlaçait au beau corps d'Iseult son corps et toute sa pensée, et tout son désir. Il songeait : «Andret, Denoalen, Guenelon et Gondoïne, félons[2] qui m'accusiez de convoiter la terre du roi Marc, ah! je suis plus vil[3] encore, et ce n'est pas sa terre que je convoite! Bel oncle, qui m'avez aimé orphelin avant même de reconnaître le sang de votre sœur Blanchefleur[4], vous qui me pleuriez tendrement, tandis que vos bras me portaient jusqu'à la barque sans rames ni voile, bel oncle, que n'avez-vous, dès le premier jour, chassé l'enfant errant venu pour vous trahir? Ah! qu'ai-je pensé?

Iseult est votre femme, et moi votre vassal[5]. Iseult est votre femme, et moi votre fils. Iseult est votre femme et ne peut pas m'aimer.»

Iseult l'aimait. Elle voulait le haïr, pourtant : ne l'avait-il pas vilement dédaignée? Elle voulait le haïr et ne pouvait, irritée en son cœur de cette tendresse plus douloureuse que la haine.

Tristan et Iseult, extrait du chapitre IV («Le Philtre»),
édition de Joseph Bédier, 1900.

Questions sur le texte ❶

A. Par quelles étapes passent Tristan et Iseult?

B. Quels obstacles se dressent devant la passion de Tristan et Iseult?

C. Quelles expressions et champs lexicaux laissent deviner une issue tragique à leur amour?

Notes

1. **Tintagel** : château du roi Marc.
2. **félons** : traîtres.
3. **vil** : mauvais, méchant.

4. **Blanchefleur** : mère de Tristan.
5. **vassal** : seigneur au service d'un autre seigneur.

Dossier Bibliocollège | 111

GROUPEMENT DE TEXTES

2) William Shakespeare, *Roméo et Juliette*

L'histoire de Roméo et Juliette, écrite au début de la carrière de l'écrivain anglais William Shakespeare (1564-1616), raconte l'impossible passion de deux jeunes gens appartenant à deux familles ennemies, les Capulet et les Montague. Dans la scène dite « du balcon », Roméo, qui a rencontré Juliette lors d'un bal, vient lui déclarer son amour à la nuit tombée.

ROMÉO. Il se rit des plaies, celui qui n'a jamais reçu de blessures ! *(Apercevant Juliette qui apparaît à une fenêtre.)* Mais doucement ! Quelle lumière jaillit par cette fenêtre ? Voilà l'Orient, et Juliette est le Soleil ! Lève-toi, belle aurore, et tue la Lune jalouse, qui déjà languit[1] et pâlit de douleur, parce que, toi, sa prêtresse, tu es plus belle qu'elle-même ! Ne sois plus sa prêtresse, puisqu'elle est jalouse de toi ; sa livrée de vestale[2] est maladive et blême[3], et les folles seules la portent : rejette-la !… Voilà ma dame ! Oh ! voilà mon amour ! Oh ! si elle pouvait le savoir !… Que dit-elle ? Rien… Elle se tait… Mais non ; son regard parle, et je veux lui répondre… Ce n'est pas à moi qu'elle s'adresse. Deux des plus belles étoiles du ciel, ayant affaire ailleurs, adjurent[4] ses yeux de vouloir bien resplendir dans leur sphère jusqu'à ce qu'elles reviennent. Ah ! si les étoiles se substituaient à[5] ses yeux, en même temps que ses yeux aux étoiles, le seul éclat de ses joues ferait pâlir la clarté des astres, comme le grand jour une lampe ; et ses yeux du haut du ciel, darderaient[6] une telle lumière à travers les régions aériennes, que les oiseaux chanteraient, croyant que la nuit n'est plus. Voyez comme elle appuie sa joue sur sa main ! Oh ! que ne suis-je le gant de cette main ! Je toucherais sa joue !

Notes

1. **languit** : dépérit.
2. **vestale** : prêtresse romaine.
3. **blême** : pâle.
4. **adjurent** : supplient.

5. **se substituaient à** : se mettaient à la place de.
6. **darderaient** : lanceraient, telle une flèche.

Dire l'amour, de l'Antiquité à nos jours

LA PASSION AU THÉÂTRE ET DANS LE ROMAN

JULIETTE. Hélas!

ROMÉO. Elle parle! Oh! parle encore, ange resplendissant! Car tu rayonnes dans cette nuit, au-dessus de ma tête, comme le messager ailé du ciel, quand, aux yeux bouleversés des mortels qui se rejettent en arrière pour le contempler, il devance les nuées paresseuses et vogue sur le sein des airs!

JULIETTE. Ô Roméo! Roméo! pourquoi es-tu Roméo? Renie[1] ton père et abdique[2] ton nom; ou, si tu ne le veux pas, jure de m'aimer, et je ne serai plus une Capulet.

ROMÉO, *à part*. Dois-je l'écouter encore ou lui répondre?

JULIETTE. Ton nom seul est mon ennemi. Tu n'es pas un Montague, tu es toi-même. Qu'est-ce qu'un Montague? Ce n'est ni une main, ni un pied, ni un bras, ni un visage, ni rien qui fasse partie d'un homme… Oh! sois quelque autre nom! Qu'y a-t-il dans un nom? Ce que nous appelons «une rose» embaumerait[3] autant sous un autre nom. Ainsi, quand Roméo ne s'appellerait plus Roméo, il conserverait encore les chères perfections qu'il possède… Roméo, renonce à ton nom; et, à la place de ce nom qui ne fait pas partie de toi, prends-moi tout entière.

ROMÉO. Je te prends au mot! Appelle-moi seulement «ton amour», et je reçois un nouveau baptême : désormais, je ne suis plus Roméo.

> William Shakespeare, *Roméo et Juliette*, extrait de la scène 2 de l'acte II, 1597, traduction de l'anglais par François-Victor Hugo.

---

1. **Renie** : abandonne.   3. **embaumerait** : parfumerait.
2. **abdique** : renonce à.

Dossier Bibliocollège | 113

GROUPEMENT DE TEXTES

Questions sur le texte ❷

A. Quelles images poétiques Roméo invente-t-il dans sa tirade (l. 1 à 22) pour dire son amour pour Juliette ?

B. Que demande Juliette pour pouvoir aimer librement Roméo ?

C. Qu'est-ce qui, dans cet extrait, permet de comprendre que Juliette est à son balcon et Roméo au pied de celui-ci et qu'ils ne se parlent pas encore ?

❸ Edmond Rostand, *Cyrano de Bergerac*

Roxane et le baron Christian de Neuvillette s'aiment sans parveni[r] à le dire. Christian, qui ne sait pas parler d'amour, désespère d[e] séduire Roxane car la jeune femme est une précieuse qui apprécie l[e] style raffiné et littéraire. Aussi se confie-t-il à Cyrano, brillant orateu[r] et homme de cœur, qui, bien que secrètement fou d'amour pou[r] elle, accepte de parler à sa place. Dans cette scène, Christian rest[e] silencieux sous le balcon de Roxane, tandis que Cyrano laisse écla[t]ter ses sentiments que la belle croit être ceux du baron.

ROXANE
Eh bien ! si ce moment est venu pour nous deux,
Quels mots me direz-vous ?

CYRANO
　　　　　Tous ceux, tous ceux, tous ceu[x]
Qui me viendront ; je vais vous les jeter, en touffe,
Sans les mettre en bouquets : je vous aime, j'étouffe,
Je t'aime, je suis fou, je n'en peux plus, c'est trop ;
Ton nom est dans mon cœur comme dans un grelot,
Et comme tout le temps, Roxane, je frissonne,
Tout le temps, le grelot s'agite, et le nom sonne !
De toi, je me souviens de tout, j'ai tout aimé :
Je sais que l'an dernier, un jour, le douze mai,
Pour sortir le matin tu changeas de coiffure !
J'ai tellement pris pour clarté ta chevelure

114 | *Dire l'amour, de l'Antiquité à nos jours*

LA PASSION AU THÉÂTRE ET DANS LE ROMAN

Que comme lorsqu'on a trop fixé le soleil,
On voit sur toute chose ensuite un rond vermeil[1],
Sur tout, quand j'ai quitté les feux dont tu m'inondes,
Mon regard ébloui pose des taches blondes !

ROXANE, *d'une voix troublée.*
Oui, c'est bien de l'amour…

CYRANO
                    Certes, ce sentiment
Qui m'envahit, terrible et jaloux, c'est vraiment
De l'amour, il en a toute la fureur[2] triste !
De l'amour, – et pourtant il n'est pas égoïste !
Ah ! que pour ton bonheur je donnerais le mien,
Quand même tu devrais[3] n'en savoir jamais rien,
S'il se pouvait, parfois, que de loin j'entendisse
Rire un peu le bonheur né de mon sacrifice !
– Chaque regard de toi suscite une vertu[4]
Nouvelle, une vaillance[5] en moi ! Commences-tu
À comprendre, à présent ? Voyons, te rends-tu compte ?
Sens-tu mon âme, un peu, dans cette ombre, qui monte ?
Oh ! mais vraiment, ce soir, c'est trop beau, c'est trop doux !
Je vous dis tout cela, vous m'écoutez, moi, vous !
C'est trop ! Dans mon espoir même le moins modeste,
Je n'ai jamais espéré tant ! Il ne me reste
Qu'à mourir maintenant ! C'est à cause des mots
Que je dis qu'elle tremble entre les bleus rameaux[6] !
Car vous tremblez, comme une feuille entre les feuilles !
Car tu trembles ! car j'ai senti, que tu le veuilles
Ou non, le tremblement adoré de ta main
Descendre tout le long des branches du jasmin !

Il baise éperdument l'extrémité d'une branche pendante.

---

1. vermeil : doré ou rouge vif.
2. fureur : du latin *furor*, « folie ».
3. Quand même tu devrais : même si tu devais.

4. vertu : qualité.
5. une vaillance : un courage noble.
6. rameaux : petites branches.

Dossier Bibliocollège | 115

GROUPEMENT DE TEXTES

ROXANE
Oui, je tremble, et je pleure, et je t'aime, et suis tienne !
Et tu m'as enivrée !

Edmond Rostand, *Cyrano de Bergerac*
extrait de la scène 7 de l'acte III, 1897

Questions sur le texte ❸

A. De quelle manière Cyrano suggère-t-il l'excès de son amour dans sa première tirade (l. 2 à 16) ?

B. Que révèle la seconde tirade sur Cyrano (l. 17 à 38) ?

C. Quels différents tons se mêlent dans les deux tirades de Cyrano ?

④ Albert Cohen, *Belle du Seigneur*

Albert Cohen (1895-1981) a inventé un cycle romanesque, dont les personnages s'interrogent sur le caractère sacré de l'amour, qu'ils veulent préserver coûte que coûte de l'usure de la vie. C'est le cas de Solal et de Ariane qui, refusant toute compromission, décident de se donner la mort. Cette fin tragique rappelle l'amour courtois du Moyen Âge, lequel se ressent dans l'écriture elle-même.

Il but d'un trait, s'arrêta. Le meilleur restait au fond, il fallait tout boire. Il agita le verre, le porta à ses lèvres, but les paillettes du fond, son immobilité. Il posa le verre, se coucha, et elle s'étendit près de lui. Ensemble, dit-elle. Prends-moi dans tes bras, serre-moi fort, dit-elle. Baise les cils, c'est le plus grand amour, dit-elle, glacée, étrangement tremblante.

Alors, il la prit dans ses bras, et il la serra, et il baisa les longs cils recourbés, et c'était le premier soir, et il la serrait de tout son amour mortel. Encore, disait-elle, serre-moi encore, serre-moi plus fort. Oh, elle avait besoin de son amour, en voulait vite, en voulait beaucoup, car la porte allait s'ouvrir, et elle se serrait contre lui, voulait le sentir, le serrait de toutes ses nouvelles forces. À voix basse et fiévreuse, elle lui demanda

116 | *Dire l'amour, de l'Antiquité à nos jours*

LA PASSION AU THÉÂTRE ET DANS LE ROMAN

s'ils se retrouveraient après, là-bas, et elle souriait que oui, ils se retrouveraient là-bas, et rien que l'amour vrai, l'amour vrai là-bas, et la salive maintenant coulait sur son cou, sur la robe des attentes.

Et voici, ce fut de nouveau la valse en bas, la valse du premier soir, valse à la longue traîne, et elle avait le vertige, dansant avec le seigneur qui la tenait et la guidait, dansant et ignorant le monde et s'admirant, tournoyante, dans les hautes glaces s'admirant, élégante, émouvante, femme aimée, belle de son seigneur. [...]

Alors, il lui ferma les yeux, et il se leva, et il la prit dans ses bras, lourde et abandonnée, et il alla à travers la chambre, la portant, contre lui la serrant et de tout son amour la berçant, berçant et contemplant, muette et calme, l'amoureuse qui avait tant donné ses lèvres, tant laissé de fervents billets au petit matin, berçant et contemplant, souveraine et blanche, la naïve des rendez-vous à l'étoile polaire.

Chancelant soudain, et un froid lui venant, il la remit sur le lit, et il s'étendit auprès d'elle, [...] car c'était l'heure.

Albert Cohen, *Belle du Seigneur*, Gallimard, 1968.

Questions sur le texte 🕘

A. Comment s'exprime le lyrisme amoureux dans cet extrait (type de scène, vocabulaire...)?

B. Quels amants célèbres de la tradition littéraire cet extrait évoque-t-il? Justifiez votre réponse.

C. En quoi le mélange des registres crée-t-il un effet surprenant qui renforce le tragique de la scène?

Dossier Bibliocollège | 117

Lecture d'images et histoire des Arts

1) *Tristan et Iseult buvant le philtre d'amour*, anonyme, 1470

Document 1

Miniature extraite du *Livre de Messire Lancelot du lac*, roman en prose écrit par Gautier de Map, Bibliothèque nationale de France, Paris.

Conformément à l'art de l'enluminure, cette peinture est effectuée avec des couleurs vives et de l'or. Étant fabriquées, au Moyen Âge à partir de matières précieuses ou semi-précieuses, ces couleurs ont donc une forte valeur symbolique.

Questions sur le document 1

- **A.** Faites une recherche sur le mythe de Tristan et Iseult. Qui sont et que font les différents personnages de la miniature ?
- **B.** Pourquoi le peintre choisit-il d'illustrer ce moment de l'histoire ?
- **C.** La représentation de cette miniature vous paraît-elle très réaliste ? Justifiez votre réponse.
- **D.** Qu'indiquent les costumes et les places occupées par les différents personnages ?
- **E.** Faites une recherche sur la symbolique des couleurs au Moyen Âge. Que pouvez-vous dire de leur utilisation dans cette miniature ?

LECTURE D'IMAGES ET HISTOIRE DES ARTS

2) *Paysage avec Orphée et Eurydice*, **Nicolas Poussin, 1650-1653**

Document 2
Huile sur toile, 124 × 200 cm,
collection de Louis XIV,
musée du Louvre.

Nicolas Poussin (1594-1665) est un peintre classique, qui s'est inspiré de l'Antiquité gréco-latine, souvent dans des paysages idéaux incitant à la contemplation. Ce tableau reprend une scène des *Métamorphoses* d'Ovide. Le poète Orphée joue de la lyre et ne s'aperçoit pas que son épouse Eurydice a été mortellement mordue par un serpent. La fumée qui s'élève du château vers les nuages gris menace de s'abattre en pluie sur la Terre.

Questions sur le document 2

A. Où sont Orphée et Eurydice ? Que font-ils ?
B. Après avoir fait une recherche sur le mythe d'Orphée, dites de quel fleuve et de quel château il s'agit et ce qu'ils symbolisent.
C. Que symbolise le ciel ? Quel rôle joue la lumière à ce moment du mythe ?
D. Faites une recherche sur l'harmonie classique en peinture et montrez, à l'aide des lignes qui le composent, que ce tableau y répond.

LECTURE D'IMAGES ET HISTOIRE DES ARTS

③ *Le Baiser à la dérobée*, Jean-Honoré Fragonard, 1788

Document 3
Huile sur toile, 45,1 × 54,8 cm,
musée de l'Ermitage,
Saint-Pétersbourg.

Jean-Honoré Fragonard (1732-1806) est un des principaux peintres classiques français du XVIIIe siècle, spécialisé dans la peinture de scènes galantes. Ce tableau représente une jeune femme venue chercher un châle laissé dans un boudoir, à l'écart d'une réception dans la bonne société. Elle se laisse embrasser « à la dérobée », c'est-à-dire en cachette, par un jeune galant surgi d'un corridor, tandis qu'une partie de cartes se déroule dans la pièce voisine.

Questions sur le document ③

A. Quels signes trahissent la passion des deux amants ?
B. Quelle classe sociale est représentée ? à quel moment historique ?
C. Quels éléments suggèrent une scène de théâtre ?
D. Recherchez d'autres tableaux, sculptures et photographies célèbres représentant une scène de baiser et comparez-les.

Dire l'amour, de l'Antiquité à nos jours

LECTURE D'IMAGES ET HISTOIRE DES ARTS

La Musique, Gustav Klimt, 1895

Document 4
Huile sur toile, 37 × 45 cm,
Neue Pinakothek, Munich.

Traduisant une vision universelle de l'art, *La Musique* du peintre autrichien Gustav Klimt (1862-1918) représente une femme quasi divinisée dans un décor antique. Sa lyre, disproportionnée, incarne le génie poétique d'Orphée dont les notes montent jusqu'aux étoiles, représentées ici par les curieuses formes géométriques qui entourent la musicienne. Ce tableau, représentatif de l'Art nouveau autrichien, a peut-être aussi un sens autobiographique.

Questions sur le document 4

A. Que met en valeur la composition du tableau ? de quelle manière ?

B. Ce tableau veut illustrer un « art total ». Quels arts sont évoqués ici ?

C. Étudiez les couleurs du tableau, en les comparant avec celles de la miniature anonyme (document 1) : quelles sont les deux couleurs dominantes ?

D. Faites une recherche sur l'Art nouveau et sur la « Sécession » viennoise et dites en quoi ce tableau en est un bon exemple.

Dossier Bibliocollège

LECTURE D'IMAGES ET HISTOIRE DES ARTS

5) *Vertumne et Pomone*, Camille Claudel, 1905

Document 5
Sculpture sur marbre, 86 × 80 × 82 cm, musée Rodin, Paris.

Cette sculpture a connu diverses versions, sous divers noms, de *Sakountala* (1886) à *L'Abandon* (1905). Elle montre un couple enlacé. Dans cette version, il s'agit du roi Vertumne, devenu une divinité après sa mort, et de la nymphe Pomone. Camille Claudel (1864-1943) y exprime certainement sa relation passionnelle et torturée avec Auguste Rodin (1840-1917), sculpteur de génie qui fut son maître, son mentor et son amant.

Questions sur le document 5

A. Décrivez les attitudes des deux personnages. Quelle sorte d'amour illustrent-ils ?

B. À quel autre art vous font penser ces corps enlacés ?

C. Comment le lyrisme s'exprime-t-il ici ?

D. La scène représentée vous paraît-elle heureuse ou triste ? Justifiez votre réponse.

E. Faites une recherche comparative sur la légende de Vertumne et Pomone et celle de Sakountala. Quels sont les points communs et les différences ?

Dire l'amour, de l'Antiquité à nos jours

LECTURE D'IMAGES ET HISTOIRE DES ARTS

6) *Eiffel Tower 100*th *Anniversary*, Elliott Erwitt, 1989

Document 6
Tour Eiffel 100ᵉ anniversaire, photographie argentique en noir et blanc.

Né en 1928 à Paris de parents émigrés russes, Elliott Erwitt est un photographe américain qui a passé dix ans de son enfance en Europe avant d'émigrer en 1938 aux États-Unis. Sur cette photographie, à l'occasion du centenaire de la tour Eiffel, un couple enlacé incarne le bonheur amoureux, que la gaieté du saut accompli par le danseur à gauche et la présence romantique du monument soulignent.

Questions sur le document 6

A. À quels genres de films et à quels domaines artistiques cette photographie vous fait-elle penser?

B. Cette photographie vous paraît-elle prise sur le vif ou mise en scène par le photographe? Justifiez votre réponse.

C. Quels points communs voyez-vous entre cette photographie et *Le Baiser de l'Hôtel de Ville* (1950) de Robert Doisneau?

D. À quels autres usages cette photographie pourrait-elle être utilisée?

Dossier Bibliocollège | 123

8) Et par ailleurs…

La poésie lyrique est une source d'inspiration continuelle, non seulement pour les poètes, mais aussi pour les chanteurs, les peintres et les cinéastes, qui reprennent des poèmes ou des mythes exprimant un idéal d'amour ou ses souffrances.

LA LYRE

Cet instrument à cordes, inventé dans l'Antiquité grecque puis utilisé à Rome, est, avec la cithare (sorte de guitare), l'instrument représentatif de la Grèce antique. La lyre est constituée d'une caisse sonore, de deux bras arqués reliés par une traverse et de cordes qui se pincent du bout des doigts ou se frappent avec un plectre.
Selon la légende, à l'origine, la caisse était une carapace de tortue et les bras des cornes d'animal.

LE MYTHE D'ORPHÉE EN PEINTURE

Le mythe d'Orphée a été raconté par Virgile dans *Les Géorgiques* (livre IV) et par Ovide dans ses *Métamorphoses* (livre X). Riche en propositions visuelles, ce mythe a été revisité par de nombreux peintres.
En 1626, le peintre flamand **Roelandt Savery** propose un *Orphée charmant les animaux*, qui représente, dans la forêt, avec un lyrisme fantastique, le poète et musicien envoûtant les animaux au clair de lune.
En 1635-1638, le peintre baroque flamand **Pierre Paul Rubens**, dans *Orphée et Eurydice*, nous présente les deux époux s'apprêtant à quitter les Enfers juste après que Pluton et Proserpine ont accordé à Orphée le droit d'emmener Eurydice pour peu qu'il ne se retourne pas sur elle.
En 1861, **Jean-Baptiste Corot**, dans le champêtre *Orphée ramenant Eurydice des Enfers*, montre le poète sortant du royaume des morts.

DES POÈMES MIS EN CHANSON

Georges Brassens adapté, en 1953, « Ballade des dames du temps jadis » de François Villon et « Il n'y a pas d'amour heureux » de Louis Aragon.
Léo Ferré a composé l'album *Les Fleurs du mal* (1957) en hommage à Charles Baudelaire.

Dire l'amour, de l'Antiquité à nos jours

ET PAR AILLEURS...

Un « lyreur » ou un « lyriste » désigne, de façon péjorative, un mauvais poète !

Serge **Gainsbourg** a repris « Le serpent qui danse » de Charles Baudelaire dans sa chanson « Baudelaire » (1962) et « Chanson d'automne » de Paul Verlaine dans « Je suis venu te dire que je m'en vais » (1973).

Plus récemment, **Laurent Voulzy** a adapté, dans son album *Lys & Love* (2011), le rondeau du poète Charles d'Orléans. Le chanteur explique qu'il a été séduit par le poème qui relate la détresse du prince retenu prisonnier en Angleterre, loin de sa femme. Pour mettre en valeur le poème, il a créé une mélodie médiévale, introduisant des bruits de ferraille remixés afin de rendre présente la prison et ajoutant des paroles en anglais pour inventer un dialogue entre le poète et ses gardiens.

LE LYRISME SUR GRAND ÉCRAN

Un homme et une femme (1966) de Claude Lelouch raconte la passion éperdue d'un homme et d'une femme veufs qui se croisent et vivent un coup de foudre.

Titanic (1991) de James Cameron narre, sur fond de réalité, la relation imaginaire de Rose, une jeune passagère aisée que son milieu désespère, et de Jack, un vagabond de 3e classe. Leur rencontre, au moment où Rose tente de se suicider, va déterminer leur histoire d'amour.

Tristan et Yseult de Kevin Reynolds (2006), malgré l'omission de certains éléments du mythe, comme le filtre, le dragon et le cheveu d'or, offre néanmoins une image saisissante de l'Irlande et de l'Angleterre médiévales, ainsi que de l'histoire passionnelle des deux amants.

CONSEILS de LECTURE

- Plusieurs anthologies du poète et éditeur Jean Orizet pour prolonger le plaisir et élargir ses connaissances poétiques : *Les Plus Beaux Sonnets de la langue française* (Le Cherche-Midi, 1999), *Les Plus Beaux Poèmes d'amour du Moyen Âge à nos jours* (« Le Livre de Poche », LGF, 2007) et *Les Plus Beaux Poèmes d'amour de la langue française* (« Le Livre de Poche », LGF, 2008).
- Un recueil qui renouvelle le genre du lyrisme : *Les Contemplations* de Victor Hugo (1856), dont vous pouvez lire le livre IV (« *Pauca meæ* »).

Dossier Bibliocollège | 125

Crédits photographiques :

couverture : *Vénus et Adonis* (1789-1794), détail de la sculpture de marbre d'Antonio Canova (1757-1822), réalisée pour la Villa La Grange à Genève, © De Agostini/Leemage. **p. 8 :** Orphée, gravure de Charles-Pierre-Joseph Normand (1765-1840), © photothèque Hachette. **p. 9 :** « L'Art poétique » de La Fontaine, illustration de ses *Œuvres*, © photothèque Hachette. **p. 10 :** illustration de Marianne Clouzot, © photothèque Hachette/D.R. **p. 11 :** *Adam et Ève au Paradis* ou *Le Péché originel*, détail du tableau de Lucas Cranach, dit Cranach l'Ancien (1472-1553) © photothèque Hachette. **p. 12 :** photographie de Lubtchansky, © photothèque Hachette. **p. 21 :** dessin de Gustave Doré pour *L'Enfer* de Dante, représentant Francesca de Rimini et son amant Paolo, © photothèque Hachette. **p. 30 :** © photothèque Hachette. **p. 35 :** Chevalier et sa dame de la cour de Bourgogne assis dans une chambre, copie d'une miniature extraite d'*Épître d'Othéa* de Christine de Pisan, © photothèque Hachette. **p. 43 :** Jean-François de Troy (1679-1752), détail de *La Déclaration d'amour* (1731), huile sur toile, © photothèque Hachette. **p. 51 :** *L'Abandon*, détail, © photothèque Hachette. **pp. 73, 81, 87, 92 :** © photothèque Hachette. **p. 77 :** photo de plateau du film *Autant en emporte le vent* (1950) de Victor Fleming, détail sur les visages de Clark Gable et Vivian Leigh, © M.G.M./production. **p. 105 :** Hermès tenant le caducée et emportant la lyre d'Apollon, © photothèque Hachette. **p. 109 :** Roméo rejoignant Juliette, illustration pour la pièce *Roméo et Juliette* de William Shakespeare, © photothèque Hachette. **p. 118 :** © AKG-images. **p. 119 :** © AKG-images/De Agostini Picture Lib. /G. Dagli Orti. **p. 120 :** © AKG-images/Album/Prisma. **p. 121 :** © AKG-images. **p. 122 :** photographie de Christian Baraja, © Musée Rodin. **p. 123 :** © ElliottErwitt/Magnum Photos. **p. 124 :** lyre © photothèque Hachette.

Conception graphique
Couverture : Mélissa Chalot
Intérieur : GRAPH'in-folio

Édition
Fabrice Pinel

Mise en pages
APS

Dans la même collection

ANONYMES
Ali Baba et les quarante voleurs (37)
Fabliaux du Moyen Âge (20)
Gilgamesh (83)
La Bible (15)
La Farce de Maître Pathelin (17)
Le Roman de Renart (10)
Les Mille et Une Nuits (93)
Tristan et Iseult (11)

ANTHOLOGIES
L'Autobiographie (38)
Dire l'amour, de l'Antiquité
à nos jours (91)
L'Héritage romain (42)
Poèmes 6e-5e (40)
Poèmes 4e-3e (46)
Textes de l'Antiquité (63)
Textes du Moyen Âge
et de la Renaissance (67)
Théâtre pour rire 6e-5e (52)

ALAIN-FOURNIER
Le Grand Meaulnes (77)

ANDERSEN
La Petite Sirène et autres
contes (27)

BALZAC
Le Colonel Chabert (43)
Eugénie Grandet (82)

BAUDELAIRE
Le Spleen de Paris (29)

CARROLL
Alice au pays des merveilles (74)

CHÂTEAUREYNAUD
Le Verger et autres nouvelles (58)

CHRÉTIEN DE TROYES
Lancelot ou le Chevalier
de la charrette (62)
Perceval ou le Conte du Graal (70)
Yvain ou le Chevalier au lion (41)

CHRISTIE
La mort n'est pas une fin (3)

Nouvelles policières (21)

CORNEILLE
Le Cid (2)

COURTELINE
Comédies (69)

DAUDET
Lettres de mon moulin (28)

DES MAZERY
La Vie tranchée (75)

DOYLE
Scandale en Bohême et autres
nouvelles (30)
Le Chien des Baskerville (49)

FLAUBERT
Un cœur simple (31)

GAUTIER
La Cafetière et autres contes
fantastiques (19)
Le Capitaine Fracasse (56)

GREENE
Le Troisième Homme (79)

GRIMM
Contes (44)

HOMÈRE
Odyssée (8)

HUGO
Claude Gueux (65)
Les Misérables (35)
L'épopée de Gavroche,
extraits des *Misérables* (96)

JARRY
Ubu Roi (55)

LABICHE
Le Voyage de Monsieur Perrichon (50)

LA FONTAINE
Fables (9)

LEPRINCE DE BEAUMONT
La Belle et la Bête et autres contes (68)

LÉRY
Voyage en terre de Brésil (26)

Dans la même collection (suite et fin)

LONDON
L'Appel de la forêt (84)

MARIVAUX
L'Île des esclaves (94)

MAUPASSANT
Boule de Suif (60)
Le Horla et six contes fantastiques (22)
Nouvelles réalistes (92)
Toine et autres contes (12)

MÉRIMÉE
La Vénus d'Ille (13)
Tamango (66)

MOLIÈRE
George Dandin (45)
L'Avare (16)
Le Bourgeois gentilhomme (33)
L'École des femmes (24)
Les Femmes savantes (18)
Les Fourberies de Scapin (1)
Les Précieuses ridicules (80)
Le Malade imaginaire (5)
Le Médecin malgré lui (7)
Le Médecin volant – L'Amour médecin (76)

MONTESQUIEU
Lettres persanes (47)

MUSSET
Les Caprices de Marianne (85)

NÉMIROVSKY
Le Bal (57)

OBALDIA
Innocentines (59)

OLMI
Numéro Six (90)

ORWELL
La Ferme des animaux (98)

PERRAULT
Contes (6)

POE
Le Chat noir et autres contes (34)
Le Scarabée d'or (53)

POPPE
Là-bas (89)

RABELAIS
Gargantua – Pantagruel (25)

RACINE
Andromaque (23)
Iphigénie (86)

RENARD
Poil de carotte (32)

ROSTAND
Cyrano de Bergerac (95)

SAGAN
Bonjour tristesse (88)

SAND
La Mare au diable (4)
Le Chêne parlant (97)

SHAKESPEARE
Roméo et Juliette (71)

STENDHAL
Vanina Vanini (61)

STEVENSON
L'Île au trésor (48)

STOKER
Dracula (81)

VALLÈS
L'Enfant (64)

VERNE
Le Tour du monde en quatre-vingts jours (73)
Un hivernage dans les glaces (51)

VILLIERS DE L'ISLE-ADAM
Contes cruels (54)

VOLTAIRE
Micromégas et autres contes (14)
Zadig ou la Destinée (72)

WILDE
Le Fantôme de Canterville (36)

ZOLA
Jacques Damour et autres nouvelles (39)
Au bonheur des dames (78)

ZWEIG
Le Joueur d'échecs (87)